평범한 직장인의 인생 전략

35년 차 직장인이 알려 주는 성공과 부의 로드맵

평범한 직장인의 인생 전략

초판 1쇄 인쇄일 2026년 3월 25일
초판 1쇄 발행일 2026년 4월 8일

지은이 송연환
펴낸이 양옥매
디자인 송다희 표지혜
교   정 조준경
마케팅 송용호

펴낸곳 도서출판 책과나무
출판등록 제2012-000376
주소 서울특별시 마포구 방울내로 79 이노빌딩 302호
대표전화 02.372.1537   **팩스** 02.372.1538
이메일 booknamu2007@naver.com
홈페이지 www.booknamu.com
ISBN 979-11-6752-782-0 (03190)

35년 차 직장인이 알려 주는 성공과 부의 로드맵

평범한 직장인의 인생 전략

송연환 지음

AI시대 어떻게 살아남을 것인가

"공(功)은 이루기 어렵고 패하기 쉬우며,

때(時)는 얻기 어렵고 놓치기 쉽다."

《사기》의 저자 사마천의 말이다. 사람은 큰일을 성공하기보다 실패하기 쉽고, 천재일우(千載一遇)가 찾아오지만 놓치기 쉽다는 의미이다.

사람은 누구나 성공할 수 있는 잠재력을 지니고 있지만, 실제로 성공에 이르는 사람은 그리 많지 않다. 직장인이 성공하는 것은 평직원에서 임원이나 고위직까지 승진하는 일이 될 것이다. 또한 직장 생활을 하면서 스톡옵션을 받거나 재테크를 잘하여 큰 부를 이루는 것도 성공한 일이라 볼 수 있다.

어떤 사람은 운이 좋아서 임원이 되고 장·차관이 되고 장군이 되었다고 말하지만, 대부분 학연·지연·혈연관계를 제외하고는 자신이 피나는 노력과 철저한 준비를 한 결과이다.

성공을 이루기 위해서는 재능도 뒷받침되어야 하지만, 노력과 그에 따른 탁월한 역량 또한 필요하다. 거액의 연봉을 받는 스포츠 선수나 예술가도 하루아침에 성공을 거둔 경우는 없다. 남들이 놀 때, 남들이 잠잘 때, 남들이 포기할 때 시련과 역경을 견디며 탁월한 역량과 지혜를 쌓았기에 그러한 성공이 가능했던 것이다.

필자도 평직원에서 이사까지 역임한 경험이 있지만, 대부분의 평직원이 고위직까지 승진하기란 결코 쉬운 일이 아니다. 회사에서 승승장구 승진하여 임원까지 올라가고 능력이 우수하여 스카우트되는 사람들을 보면, 조직의 발전을 위하여 헌신하고 피나는 노력을 하면서 탁월한 실력을 갖추었기 때문에 성공을 이룬 것이다.

지금은 인공지능 시대를 맞아 인류 문명이 하루가 다르게 과학화·첨단화되고 있다. 자동화로 인하여 일자리도 줄어들고 있다. 평범함으로는 결코 성공할 수 없는 시대이다. 이러한 세상에서 성공적인 삶을 살아가기 위해서는 어떤 노력을 해야 할까?

필자가 35년간의 직장 생활을 바탕으로 그 비결을 이야기해 보면, 배움과 경험을 토대로 습득할 수 있는 고귀한 지혜를 쌓는 일을 비롯하여 훌륭한 인성과 탁월한 역량, 좋은 습관을 가지고 목표를 향해 꾸준히 실천하는 것이라 말할 수 있다.

아무리 인맥이 좋은 사람이라 할지라도 성공을 만드는 이러한 핵심 요소가 없다면, 직장에서 성공을 이루는 것은 쉽지 않으리라 생각된다.

밥 아이거 월트 디즈니 컴퍼니 CEO나, 리카싱 파운데이션 CEO, 이나모리 가즈오 고오토 세라믹 전 CEO, 젠슨 황 앤비디아 CEO는 역경 속에서도 직장 생활에서 성공한 대표적인 신화적인 인물이다.

성공하는 길은 누구에게나 있다. 사업가든 스포츠 선수든, 예술가든, 사회 초년생이든, 오래 근무한 직장인이든 성공을 이루기 위해서는 탁월한 역량을 갖추고 어떠한 시련이나 역경이 닥쳐오더라도 포기하지 않고 도전하여야 성공할 수 있다는 것은 부정할 수 없는 진리이다.

이 책은 교과서처럼 이론만을 강조하거나 자신의 일대기를 기록한 자서전이 아니다. 필자가 35년간 쌓은 다양한 실전 경험을 비롯하여 성현의 철학, 성공한 글로벌 리더의 전략과 통찰을 바탕으로 행복하고 풍요로운 삶을 살아가는 데 꼭 필요한 본질적인 지혜를 담은 인생 지침서이다.

어느 책보다 삶의 본질을 성찰하고 현실에서 실천할 수 있는 지혜를 깊이 있게 담고자 심혈을 기울였다. 삶이 무기력하고 힘들

때, 마음이 흔들리고 혼란스러울 때, 용기가 필요할 때, 성공적인 삶을 희망할 때 이 책이 곁에서 함께하는 동반자가 되기를 바란다.

지금은 AI 및 100세 시대라 부른다. 급변하는 세상에서 현실에 안주하지 않고 배우고 변화해야 성공을 이룬다는 신념을 가지고, 신시대의 성공적인 삶에 새로운 지평을 열어 가길 바란다. 그리고 이 책이 성공을 열망하는 독자제현(讀者諸賢)께 큰 감동과 교훈을 제공해 주는 주옥같은 인생 책으로서 그 역할을 다하길 염원한다.

2026년 3월

송 연 환

지혜로 무장하라

1부

지혜로 무장하라

"우리는 세 가지 방법으로 지혜를 배운다.
첫째는 가장 고상한 방법인 반성이며,
둘째는 가장 쉬운 방법인 모방이고,
셋째는 가장 쓰라린 방법인 경험이다."

공자

목표를 향해 나아가라

"목표를 크게 가지는 것을 두려워하지 말라."

일론 머스크 테슬라 CEO는 자신의 성공 비결에 대해 이렇게 말한다. 그는 자동차 산업을 혁신하고 인류를 화성으로 이주시켜 인류의 장기적 생존을 보장함과 동시에 '다행성 시대'의 서막을 열고자 하는 큰 꿈과 목표를 가지고 있다.

성공한 사람 대부분은 분명한 꿈과 목표를 세운 것이 성공의 비결이라고 말한다. 그만큼 성공을 이루는 데는 뚜렷한 목표가 중요한 요소가 되는 것이다.

기업체에서도 매년 매출 목표를 세우듯이 개인도 인생 목표를 세워야 한다. 인생에서 목표가 없는 것은 목적지 없이 망망대해에 오른 배와도 같다. 확고한 목표를 세우고 꾸준히 실천하는 습관을 가져야 성공할 수 있다.

목표에는 크게 인생 목표를 비롯하여 작게는 경제적인 목표, 가족에 관한 목표, 건강에 대한 목표 등 여러 가지가 있다. 그런데 대부분은 목표가 무엇이냐고 물으면 잘 모르겠다고 대답하거나 부자가 되겠다고 막연하게 대답한다. 막연한 생각으로는 목표를 이룰 수 없다. 성공적인 삶을 위해서는 확고하고 명확한 인생 목표를 세워야 한다.

목표를 세울 때는 몇 가지 중요한 기준이 필요하다. 목표는 크게 설정하되, 이를 실현하기 위한 세밀한 실행 계획이 뒷받침되어야 한다. 또한 장기 목표와 단기 목표를 구분하여 세우되, 현실적으로 달성 가능한 수준이어야 한다. 실현 가능성이 없는 목표는 작심삼일로 그치게 마련이다. 목표는 명확하고 구체적으로 세울 때 비로소 힘을 갖는다. 그 예시를 살펴보면 다음과 같다.

- 은퇴 시에 연금 소득원 500만 원 만들기: 매월 급여의 20%를 연금저축과 고배당주에 투자한다.
- 한 달에 책 10권 읽기: 매일 아침 30분, 퇴근 후 1시간 독서를 한다.
- 10년 이내에 내 집 마련하기: 종잣돈 마련을 위해 매월 100만 원씩 저축한다.
- 1년 이내에, 자격시험에 합격하기: 매일 2시간씩 시험공부를 한다.
- 50세 전에 가족과 함께 유럽 여행하기: 여행비로 매월 10만 원씩 저축한다.

- 1년 이내에 영어 회화 마스터하기: 매일 1시간씩 영어 회화 공부를
  한다.

이상과 같이 큰 목표와 세부 실천 계획을 세워 보자. 이후에는 끈기와 인내를 가지고 꾸준히 실행해 나가면 된다.

우리가 돈을 버는 목적은 단순한 생계를 넘어, 좀 더 가치 있고 풍요로운 삶을 영위하기 위함이다. 이를 위해서는 반드시 인생 목표를 세워야 하는데, 현실에서는 분명한 목표를 세우고 실천하는 사람을 찾기 어렵다. 많은 이들이 뚜렷한 방향 없이 그저 오늘 하루, 일주일, 한 달을 그럭저럭 흘려보내며 살아가고 있다.

회사에서도 직원들에게 노후 준비는 젊어서부터 해야 한다고 하면서 은퇴 시 연금 소득원 500만 원을 목표로 연금저축과 고배당주에 꾸준히 투자하라고 권해도 실감을 못 한다. 오로지 약간의 저축 외에는 명품을 소비하는 데 급급하다. 뚜렷한 목표가 없기 때문이다.

"가고자 하는 곳이 명확할수록
무수한 선택지 사이에서 방황하는 일이 줄어든다."

벤저민 하디가 《퓨쳐 셀프》에서 한 말이다. 목표가 명확하면 목표를 이루는 데 흔들림 없이 나아갈 수 있다는 의미이다.

제2차 세계대전 당시 노르망디 상륙작전을 계획한 조지C, 마셜 장군이 연합군 총지휘관 아이젠하워 장군에게 내려진 목표는 명확했다. "노르망디에 상륙하라, 독일군을 물리쳐라, 유럽 본토 진격의 길을 열어라." 연합군은 1944년 6월 6일 암호명 오버로드 작전을 성공리에 수행하여 전쟁을 승리로 이끌었다.

인천 상륙작전을 계획한 더글러스 맥아더 유엔군 사령관의 목표는 명확했다. "인천에 상륙하라, 북한군의 보급선을 차단하라, 서울을 탈환하라." 1950년 9월 15일 연합군은 암호명 크로마이트 작전에 성공하여 서울을 탈환하는 데 큰 공을 세웠다.

링컨 전 대통령의 목표는 흑인 노예해방이었으며, 1863년 1월 1일 그는 노예해방을 선언했다. 헨리 포드의 목표는 자동차 왕이 되는 것이었으며, 그는 끊임없는 노력으로 결국 그 꿈을 이루었다. 워런 버핏의 목표는 주식 투자로 억만장자가 되는 것이었으며, 그는 2025년 기준 전 세계 부자 순위 10위 이내로 목표를 이루었다.

손흥민 선수의 목표는 유럽 무대에서 훌륭한 선수가 되는 것이었다. 그는 2021~2022시즌 23골을 넣어 잉글랜드 프리미어 리그 공동 득점왕에 올랐으며, 아시아 선수 역대 최다득점이란 기록을 세우고 미국 프로 무대에 성공적으로 진출했다.

젠슨 황 엔비디아 CEO의 목표는 실리콘밸리의 황제가 되는 것이었다. 그는 엔비디아를 2025년 5월 전 세계 시가 총액 1위까지 성장시켰으며, 세계 부자 순위 11위에 가까운 억만장자 반열에 오르면서 목표를 이루었다.

소프트뱅크 손정의 CEO가 19살 때 20대에 이름을 알린다, 30대에 사업자금을 모은다, 40대에 큰 승부를 건다, 50대에 사업을 완성시킨다, 60대에 다음 세대에 경영권을 넘긴다는 50년 인생 계획을 세우지 않았다면 오늘날의 소프트뱅크는 탄생하지 않았을 것이다.

브라이언 트레이시는 《당신의 무기는 무엇인가》에서 목표는 명확, 성취 가능, 가치성, 구체적, 시간 제한적 등 5가지 특징을 갖고 있어야 한다고 강조했다.

목표를 이루려면 목표가 무엇인지 명확해야 하고, 현실적으로 실현 가능해야 하며, 이룰 만한 가치가 있어야 하고, 측정할 수 있도록 세밀하여야 하며, 언제까지 달성할 것인지 날짜가 있어야 한다는 의미이다.

목표 없는 삶은 열등감과 두려움, 나약함 등에 사로잡혀 그저 그런 삶밖에 영위할 수 없게 된다. 목표를 세우면 자신감과 열정이 생기고, 삶을 주도적으로 살 수 있게 된다. 지금은 평범함만으로는 살아가기 힘든 세상이다. 초전문가가 되어야 살아남을 수 있다.

"한 가지 뜻을 세우고 그 길로 가라.
잘못도 있으리라. 실패도 있으리라.

그러나 다시 일어서서 앞으로 나아가라.

반드시 빛이 그대를 맞이할 것이다.”

철학자 칸트의 말이다. 목표를 세우고 실패하더라도 끝까지 도전하면 큰 성과를 이룰 수 있다는 의미이다.

하루하루 직장에 나가서 시간만 보내면 된다는 안이한 사고를 버리고, 자신의 목표를 분명히 세우고 목표 달성을 위하여 흔들림 없이 꾸준히 실천하는 습관을 가져야 성공할 수 있다.

아리스토텔레스는 《니코마코스 윤리학》에서 “모든 인간의 궁극적인 목표는 행복한 삶”이라고 했다. 당신이 행복한 삶을 희망한다면, 명확하고 큰 목표를 세우고 그 목표를 반드시 이루겠다고 매일 다짐하고 나아가라. 가치 있는 큰 목표를 향해….

기적은 아침 1시간에서 시작된다

"아침에 일찍 일어나 하루를 앞당겨라."

정주영 전 현대그룹 CEO의 신조이다. 그가 현대그룹을 세계적인 회사로 만들 수 있었던 계기는 성공하려면 습관을 바꿔야 한다고 생각하고, 이 같은 신조를 꾸준히 실천한 덕분이었다.

아침 1시간은 어떤 시간보다 중요한 시간이다. 남들보다 1시간 일찍 출근하는 것이 기적을 만드는 길이라고 할 수 있다. 온전히 자신에게 집중하는 시간은 업무의 질을 높이고 하루를 주도적으로 시작하게 만들기 때문이다.

물론 직장 생활을 하면서 남들보다 1시간 일찍 출근하는 일은 결코 쉬운 일이 아니다. 그러나 마음먹기에 따라 얼마든지 할 수 있는 일이기도 하다.

지금은 인공지능, 로봇, 빅데이터 시대이다. 이렇게 기술 변화가 빠르게 진행되는 시대일수록 개인의 경쟁력은 작은 시간 관리에서 드러난다. 남들보다 뛰어나고 탁월한 역량을 갖추기 위해서는 아침에 일찍 일어나서 남들보다 많은 노력을 해야 좋은 평판과 함께 승승장구할 수 있다.

글로벌 리더 중에 버진그룹의 리처드 브랜슨 CEO, 애플의 팀쿡 CEO, 펩시코의 인드라 누이 CEO 등은 아침을 지배하는 자가 하루를 지배한다는 마음가짐으로 아침에 일찍 일어나 하루의 계획을 세우고 준비한다. 이른 아침 시간이 깊은 사고와 창의적인 아이디어를 구상하는 데 최적의 시간이라는 것을 알고 있기 때문이다.

필자도 아침 시간을 골든 타임으로 생각하고, 1시간 일찍 출근하여 30분 독서하고 30분 업무 준비하는 일을 10년 넘게 꾸준히 계속해 오고 있다. 누구나 하려고 하는 의지만 있으면 충분히 가능한 일이다.

일찍 출근해서 공부하는 직원을 나무라는 경영주를 본 적이 없다. 일찍 출근한다는 것은 그만큼 일을 사랑하고 뚜렷한 목표가 있다는 것을 의미한다. 이렇게 1시간 일찍 하루를 시작하는 데에는 여러 가지 장점이 있는데, 대표적으로 4가지를 살펴보면 다음과 같다.

1. 자기 계발 시간을 확보할 수 있다.
2. 시간을 유용하게 사용할 수 있다.

3. 창의적인 일에 집중할 수 있다.

4. 일을 미루지 않는다.

위 4가지에 대하여 자세히 알아보면 첫 번째, 자기 계발을 할 수 있다. 아침에 일찍 출근하여 독서하거나 자격증 시험공부를 하는 시간으로 활용할 수 있다. 지금은 브랜드 시대다. 다양한 스펙을 쌓기 위해 아침 일찍 출근하여 공부하라.

두 번째, 시간을 유용하게 사용할 수 있다. 아침 일찍 준비하고 일 처리를 해 두면 하루 종일 허둥대지 않고 계획한 대로 시간을 잘 활용할 수 있다. 따라서 목표를 이루는 속도도 한층 빨라지게 된다.

세 번째, 창의적인 일에 집중할 수 있다. 아침에는 나 혼자만의 시간을 확보할 수 있으므로 집중력을 높일 수 있다. 따라서 중요한 일에 몰입하기 좋은 장점이 있다.

네 번째, 일을 미루지 않는다. 습관 중에 가장 달콤한 습관이 미루는 습관이다. 일에 쫓기다 보면 항상 한두 가지 일은 뒤로 미루게 된다. '나중에', '내일'이란 말이 나의 성공을 방해하는 가장 큰 장벽이다. 아침 일찍 일어나서 오늘 할 일을 미루지 말자. 미룸의 달콤한 유혹에 빠지게 되면 성공은 영원히 멀어진다.

규칙적으로 일찍 출근하는 1시간을 미래를 위한 투자라고 생각하고 공부하고 준비하는 시간으로 만들어 실천해 보라. 작은 습관이 쌓이고 쌓이면 큰 성취를 이룰 수 있다.

필자는 1시간 일찍 출근하는 습관으로 한 달에 수십 권의 책을 읽고 있으며, 내 이름으로 된 책을 출간하였고, 책 쓰기와 재테크 코치, 자기 계발 컨설턴트로 활동하는 성과를 이루었다.

협력업체 J 제약회사 생산부 K 팀장은 매일 정시보다 1시간 일찍 출근하는 습관을 지니고 있다. 그는 출근 후 원가 절감, 생산성 향상, 제품 개발을 위하여 공부하고 연구하는 일을 10년 넘게 하면서 혁신적인 공정 개선을 이루었다. 그 공로로 여러 번 표창을 받고, 최근에는 임원으로 승진했다. 평범함으로는 성공할 수 없는 좋은 본보기라 할 수 있다.

성공을 이루려면 평범함으로는 어렵다. 남들과 차별화된 노력이 필요하다. 만약 당신이 지금까지 매일 남들과 같이 정시에 출근하고 정시에 퇴근하며 자기 계발을 하지 않는다면 반드시 변화가 있어야 한다.

경영 구루 오마에 겐이치는 《난문쾌답》에서 인간을 바꾸는 방법에 대해 다음과 같은 3가지를 제시한다.

"시간을 달리 쓰는 것,
 사는 곳을 바꾸는 것,

새로운 사람을 사귀는 것"

이 중에서 가장 쉽게 시작할 수 있는 변화는 시간을 달리 쓰는 것이다. 같은 하루라도 시간을 어떻게 쓰느냐에 따라 삶의 방향은 달라진다. 시간을 주도적으로 사용하는 것을 시도해 보기 바란다.

하버드대 공부 명언 중에도 시간의 소중함을 일깨워 주는 명언이 많다. 그중에서 꼭 기억할 만한 명언을 정리해 보면 다음과 같다.

- 지금 잠을 자면 꿈을 꾸지만, 지금 공부하면 꿈을 이룬다.
- 내가 헛되이 보낸 오늘은 어제 죽은 이가 갈망하던 내일이다.
- 늦었다고 생각했을 때가 가장 빠른 때이다.
- 공부는 시간이 부족한 것이 아니라 노력이 부족한 것이다.
- 가장 위대한 일은 남들이 자고 있을 때 이뤄진다.
- 오늘 보낸 하루는 내일 다시 돌아오지 않는다.

흔히 아침은 창의적인 아이디어가 샘솟는 시간이라고 한다. 남들이 잠잘 때 운명이 바뀐다. 아침에 1시간 일찍 출근하여 당신의 기적을 만들어 보라.

성공한 사람의 공통점, 독서

"독서하기 위해 시간을 내라. 그것은 지혜의 원천이다."

톨스토이 《인생 십 훈》에 나오는 이 문장은 독서의 가치를 간결하게 보여 준다. 독서는 성공적인 삶을 살아가는 데 원동력이 된다고 할 수 있다.

인생을 현명하고 행복하게 살아가기 위해서는 지혜가 필요하다. 지혜를 쌓기 위해서는 책을 읽거나, 경험을 쌓거나, 가르침을 받아야 하는데, 그중에서도 독서는 가장 손쉽게 접근할 수 있는 방법이다. 항상 책을 가까이하는 습관은 삶을 보다 깊고 안정적으로 이끄는 기반이 된다.

성현은 "시간이 없어서 책을 못 읽는 사람은 시간이 있어도 여전히 책을 읽지 못한다."라고 했다. 결국 독서는 시간의 문제가 아니라 태도의 문제임을 일깨우는 말이다.

윈스턴 처칠을 비롯하여 빌 게이츠, 외과 의사 벤 카슨, 소프트 뱅크 손정의 CEO 등 성공한 사람 대부분은 시간이 없는 가운데서도 꾸준히 독서를 하였다. 바쁜 생활 가운데서도 틈틈이 나의 가치를 높이는 독서 습관을 가져야 한다.

필자는 아침 30분, 점심시간 30분, 주말 시간을 이용하여 틈틈이 독서한 결과, 현재까지 1만 권 이상의 책을 읽고 있다. 많은 책을 읽게 된 동기는 사회 초년생 시절에 당시 독서가였던 한 임원으로부터 들은 "인생 책이 무엇인가?"라는 말 한마디 때문이었다. 제대로 대답을 못 하고 머뭇거린 충격이 큰 계기가 되었다.

직장 생활을 하면서 많은 책을 읽는다는 게 그리 쉬운 일은 아니지만, 모든 것은 자신의 마음가짐에 달려 있다.

"머릿속에 책이 5천 권 이상 들어 있어야

세상을 제대로 뚫어보고 지혜롭게 판단할 수 있다."

정약용 선생의 이 말이 책을 많이 읽어야 하는 이유를 잘 설명한다. 배움은 평생 이루어져야 한다. 시간을 쪼개서라도 책 읽는 데 과감한 투자를 하기 바란다.

기업체에서도 독서를 많이 권장하고 있는데, 특히 한국콜마에서는 독서 운동을 매우 활발하게 전개하고 있다. 2006년도부터 임직원에게 매년 6권의 책을 읽고 감상문을 쓰게 하고 있으며, 평가 후

우수 직원에 대하여 표창과 사내 복지몰 포인트 등 각종 인센티브를 제공하고 있다. 또한 사업장마다 북 카페를 운영하고 있다.

직원에게 책을 많이 읽게 하는 것은 다양한 지식 습득과 개인의 역량을 향상시키기 위함이다. 한국콜마가 1990년 창립 후 지속적으로 발전하여 2024년 기준 1조 원이 넘는 매출을 일으키는 중견그룹으로 성장하게 된 것은, 독서 운동이 강력한 원동력이 되었다고 볼 수 있다.

많은 책을 읽으면 문해력과 창의력을 키우고, 사고력을 향상시킬 수 있다. 또한 다양한 정보를 바탕으로 판단력과 미래를 내다보는 통찰력을 높이고, 성현의 철학과 사상, 성공 전략들을 내 것으로 만들어 발전시켜 나갈 수 있다.

필자는 보통 책을 도서관에서 빌려 읽지만, 인생 책으로 여기는 책은 반드시 구입하여 읽는다. 그래서 마음이 흔들릴 때나, 자신감이 약해질 때마다 곁에 두고 몇 번씩 읽는 습관을 가지고 있다. 책을 한 번만 읽고 덮어 버리면 깊은 지식을 습득할 수 없으며, 사고력과 통찰력을 키울 수 없으므로 배울 점이 있는 양서는 몇 번이고 읽어야 자기 것으로 만들 수 있다.

필자의 인생 책은 다음과 같다.

- 공자, 《논어》

- 마르쿠스 아우렐리우스, 《명상록》

- 아리스토텔레스, 《니코마코스 윤리학》

- 몽테뉴, 《수상록》

- 그라시안, 《사람을 얻는 지혜》

- 비트겐슈타인, 《비트겐슈타인의 말》

- 세네카, 《인생론》

- 괴테, 《파우스트》

- 벤저민 프랭클린, 《자서전》

- 데일 카네기, 《인간관계론》

- 앤서니 라빈스, 《네 안에 잠든 거인을 깨워라》

- 스티븐 코비, 《성공하는 사람들의 7가지 습관》

- 라파엘 배지아그, 《억만장자 시크릿》

- 키케로, 《어떻게 나이 들 것인가》

- 제임스 앨렌, 《생각의 지혜》

- 나폴레온 힐, 《성공법칙》

- 랠프 왈도 에머슨, 《자기 확신에 관하여》

- 벤저민 하디, 《퓨쳐 셀프》

중국 초한 전쟁에서 천하 통일을 이룬 유방의 책사 장량이 장막 안에서 계획을 세워 천 리 밖의 전쟁을 승리로 이끌 수 있는 계획을 세울 수 있었던 것은 태공망의 병법서인 《육도》를 곁에 두고 수시로 공부하였기 때문이다. 인생 책을 만들어야 하는 좋은 본보기이다.

한 권의 책을 읽는다는 것은 다양한 정보와 지식을 습득함을 물론 저자의 철학, 경험, 성공 전략과 지혜를 배울 수 있는 계기가 되는 것이며, 자신을 가치를 높이고 발전시킬 수 있는 매우 중요한 일이다.

성인군자나 성공한 리더들의 지혜를 배울 수 있는 방법에는 무엇이 있을까? 물론 직접 만나서 배우는 것이 가장 정석일 것이다. 그러나 그것은 말처럼 쉬운 일이 아니다. '오마하의 현인'이라 불리는 워런 버핏과 점심 식사 1번 하는 데 경매 당첨 가격이 30억 원이 넘는다.

그렇다면 직접 만나는 것 말고 값싸고 접근하기 쉬운 방법은 없을까? 있다. 그것은 바로 그들이 쓴 고귀한 책을 읽는 것이다. 그 책 속에는 그들의 위대한 철학과 성공 전략이 담겨 있기 때문이다.

"책은 인생의 험준한 바다를 항해하는 데
도움이 되게끔 남들이 마련해 준 나침반이요,
망원경이고 육분의고 도표이다."

미국의 언론인이며, 작가인 제시 리 베넷의 말이다. 책은 나 자신이 무엇을 해야 하는지, 그리고 어떻게 살아야 하는지에 대한 방법과 길을 알려 주는 안내자란 의미이다.

오늘 하루도 무의미하게 흘러가는 시간, 아끼고 아껴서 인생의 나침반인 책을 가까이하는 습관을 가져 보라. 책 한 권이 당신의 인생을 바꿔 놓을 수도 있다.

"일촌광음 불가경(一寸光陰不可輕)"

송나라 유학자 주자의 〈권학문〉에 나오는 구절이다. 짧은 시간이라도 가벼이 여기지 말라는 뜻이다.

배움은 평생 이루어져야 한다. 더 가치 있고 더 지혜로운 삶을 위하여 1분 1초라도 시간을 소중히 여기고 책 읽는 데 그 시간을 투자하자. 소중하고도 귀중한 시간이 땅에 떨어진 진실의 이삭을 줍는 보석 같은 기회로 당신에게 다가가리라 믿어 의심치 않는다.

지식의 전당, 도서관으로 가라

"책 속에 모든 과거의 영혼이 잠잔다.
오늘의 참다운 대학은 도서관이다."

영국의 역사학자 토머스 칼라일은 이렇게 말했다. 도서관이 다양한 책을 읽으면서 지혜를 쌓을 수 있는 최고의 장소라는 의미이다. 그렇다면 '지혜의 보물 창고'라 할 수 있는 도서관의 역사는 언제 시작되었을까?

문화와 역사가 살아 숨 쉬는 세계 최초의 도서관은 기원전 3세기에 세워진 이집트의 알렉산드리아 도서관이다. 알렉산더 3세에 의해 알렉산드리아 도시가 세워지고, 그의 죽음 후에 프톨레마이오스 왕조가 건립하였다.

이렇게 오랜 역사를 가진 도서관은 인간의 지식과 역사를 보존하는 공간이다. 다양한 지식과 정보를 습득하는 콘텐츠의 바다라고 말할 수 있다.

최근에는 단순히 책을 보관하는 것을 넘어 작가 토크 쇼와 명사를 초청하여 특강을 주최하고, 시 낭송회 등 여러 가지 이벤트를 하는 공간으로 활용되고 있다. 또한 지역 단체의 커뮤니티와 공론장의 기능을 하는 곳으로 다변화되어 가고 있다.

3천3백여 개의 많은 도서관이 있는 독서 강국 일본에서는 지역 도서관을 특화해 관광 명소로 운영하면서 지역 경제 발전에 크게 도움을 주는 공간으로 활용시키고 있다. 더불어 도서관을 어린이 놀이터를 비롯하여 차를 마실 수 있는 문화와 소통의 공간으로 그 기능을 확대하고 있다.

지방 소도시의 인구 소멸 시대를 맞아 인구를 늘리고 도시를 살리기 위해 도서관을 세계적인 명소로 만드는 것이다.

세계에는 영국 국립 도서관을 비롯하여 유명한 도서관이 많이 있으며, 관광 명소로서 그 역할을 톡톡히 하고 있다. 우리나라에도 휴식과 만남 그리고 책을 주제로 소통하는 문화 · 감성의 공간인 코엑스 별마당 도서관이 있다.

총 7만여 권의 장서를 자랑하는 이곳은 독서를 통한 지혜 습득은 물론, 머물고 싶고, 경험하고 싶은 공간으로 자리 잡았다. 누군가를 만나고 기다리는 약속의 장소로도 그 어느 곳보다 좋은 공간이다.

별마당 도서관을 방문하게 되면 공간이 주는 개방감과 질서가 동시에 느껴져 마음이 풍요로워진다. 은은하게 빛나는 불빛들의 아름다움에 놀라고, 7만 권이 넘는 장서의 거대함에 놀라고, 많은 여행객에 또 한 번 놀라는 곳이다.

1억 7천만 점 이상의 자료를 보관하고 있는 세계 최대의 미국 의회 도서관이나 세계에서 가장 아름다운 아일랜드 트리니티 컬리지 도서관만큼의 규모는 아니지만, 국내에서는 최고의 시설을 자랑하는 곳이 별마당 도서관이다.

산과 바다로 여행하는 것도 힐링에 도움이 되지만, 책과 영혼이 만나는 아름다운 도서관을 방문해 보는 건 어떨까? 그 어느 곳보다 유익한 여행이 될 것이다.

필자는 주말마다 도서관을 이용하여 책을 읽고 신문을 보는 습관을 가지고 있다. 신문은 시시각각 정보를 전달하는 가장 핵심적인 역할을 한다. 신간 또한 새로운 지식을 습득할 기회를 제공해 주는 훌륭한 도구이다. 도서관 안에 카페도 있으므로 차를 마시면서 힐링할 수도 있으며, 약속 장소로도 좋다.

요즘에는 휴게실 안에 책을 읽을 수 있도록 책을 비치하고 있는 회사도 많다. 필자는 평일이면 아침과 점심시간에 30분씩 이곳에서 독서를 한다. 조용한 공간에서 누구에게도 방해받지 않을 수 있어 나만의 시간을 가지며 지식도 빠르게 습득할 수 있다는 장점이 있다.

OECD 국가 중 우리나라가 독서율이 가장 낮다고 한다. 2024년 문화체육관광부의 발표에 따르면, 2023년 우리나라 성인 60%가 독서를 하지 않은 것으로 조사되었다고 했다. 독서량도 1년 평균 3.9권에 불과하다고 했다.

회사에서 직원들에게 도서관 자주 가는지 물어보면, 대부분 시간이 없어서 못 간다고 대답한다. 나이를 불문하고 학교 졸업 후 대부분 도서관을 가 본 적이 없다고 한다.

그럼 정말 시간이 많은 사람은 독서도 많이 할까? 그렇지 않다. 오히려 시간이 많은 사람보다 바쁜 사람이 독서를 더 많이 한다. 그 이유는 시간이 많은 사람은 게으르고, 바쁜 사람은 부지런하기 때문이다.

《세상에서 가장 위대한 세일즈맨》의 저자 오그 만디노는 보험 세일즈맨을 하다가 적성에 맞지 않아 중단하고 실의에 빠져 한때 알코올 중독자로 폐인처럼 살았다고 한다. 그러던 중 비를 피하기 위해 우연히 들어간 도서관에서 나폴레온힐과 같은 성공한 거장들의 성공학 고전을 수백 권 읽게 되었다.

삶의 의욕을 회복한 그는 《무한 성공》 잡지 편집장을 역임하며 잡지사를 크게 성공시켰다. 그 후 작은 출판사의 권유로 첫 작품인 《위대한 상인의 비밀》을 출간하며 세계적인 성공학 작가의 반열에 오르게 된다. 행동하면 성공할 수 있다는 강인한 신념을 가지고

《세상에서 가장 위대한 세일즈맨》을 비롯해 총 18권의 책을 집필했다. 이 책들은 전 세계적으로 5천만 부 이상 판매되며 많은 독자들의 공감을 얻었다.

그가 이렇게 세계적인 베스트셀러 작가가 될 수 있었던 계기는 우연한 기회에 도서관에 들러 책을 읽은 데 있었다.

도서관에 갔다가 인생을 역전한 또 하나의 사례를 이야기하고자 한다. 필자의 지인 이야기다.

그녀는 한때 보증과 사기 피해로 재산을 날리고 심한 좌절감에 빠졌지만, 우연한 기회에 도서관에 갔다가 수많은 책과 많은 사람이 책을 읽는 모습을 보았다고 한다. 그때 그녀는 인생을 헛살았다고 뼈저리게 후회하며 반성의 눈물을 흘렸다.

그 반성의 눈물을 계기로 독서광이 되면서 누구도 기대하지 않았던 베스트셀러 작가와 성공학 강사로 변신하여 성공한 인생을 살고 있다.

만일 그녀가 도서관을 방문하지 않았다면 평범한 주부로 머물렀겠지만, 도서관에 한 번 갔다가 인생이 360도 바뀐 것이다. 도서관에 가서 책을 읽는 것이 얼마나 강력한 힘을 발휘하는지 잘 일깨워 주는 사례라 할 수 있다.

좌절하거나 절망할 계기가 생기더라도 용기를 내어 보라. 도서관에 가서 책 한 권 뽑아 들 수 있는 용기를…. 자신을 성장시키려면 혁신적 사고를 가지고 적극적인 실행이 필요하다. 소극적이고 우유부단해서는 큰 성취를 이루어 낼 수 없다.

무의미한 시간을 보내거나 집에서 TV 보는 시간에 도서관에 가는 습관을 가져 보라. 그것도 힘들면 도서관에서 주관하는 작가나 명강사의 토크 쇼에 참석해 보라. TV를 보는 것보다 훨씬 보람된 시간이 될 것이다.

세계 최고 독서가로 불리는 알베르토 망구엘은 《밤의 도서관》에서 다음과 같은 명언을 남겼다.

"책이 우리 고통을 덜어 주지 못할 수도 있다. 책이 우리를 악에서 보호해 주지 못할 수도 있다. 책을 읽어도 우리는 무엇이 좋은 것이고 무엇이 아름다운 것인지 모를 수 있다. 책이 죽음이라는 공통된 운명에서 우리를 지켜 주지 못하는 것은 확실하다. 그러나 책은 우리에게 무수한 가능성을 제시한다. 변화의 가능성, 깨달음의 가능성…."

억만장자나 성공한 글로벌 리더 대부분이 책을 통하여 많은 지혜를 습득하여 큰 성공을 이루는 계기로 삼았다. 지혜의 습득과 사회적 네트워크를 확장시키고 개인의 발전을 돕는 열정의 공간, 도서관을 자주 가 보라. 나의 가치를 높이고 나의 운명을 바꿀 수 있는 최고의 장소가 바로 문화의 성전, 도서관이다.

기억보다 강한 메모의 힘

"총명불여둔필(聰明不如鈍筆)"

뛰어난 기억력이 서투른 메모보다 못하다는 의미이다.

기억력에만 의존하기보다 메모하는 습관을 들이면, 중요한 순간에 필요할 때마다 확인하고 활용할 수 있다. 메모하는 습관이 중요한 이유는 기억력을 향상시키며, 효율적인 시간 관리를 통하여 많은 일을 계획적으로 수행할 수 있고, 메모가 쌓이면 큰 재산이 될 수 있기 때문이다.

메모의 힘은 위대하다. 이순신 장군이 《난중일기》를 남기지 않았다면, 임진왜란에 대한 역사를 명확하게 알 수 없을 것이다. 《난중일기》는 군사 작전, 정치 사회 상황, 경제 활동 등을 구체적으로 기록한 유일한 자료로, 역사적·문화적 가치가 높다.

다산 정약용 선생은 유배 중에도 꾸준히 독서를 하면서 메모하는 습관을 바탕으로 500여 권의 책을 집필하였다.

인도의 초대 총리였던 자와할랄 네루는 영국 식민당국에 의해 투옥된 동안에도 옥중에서 집필 활동을 이어 갔다. 그는 딸 인디라에게 보낸 메모 편지를 바탕으로 《세계사 편력》을 썼으며, 이 밖에도 《자서전》, 《인도의 발견》 등 여러 저작을 남겼다.

메모의 종류는 다양하다. 강사가 강의할 사항을 메모하는 것을 비롯하여 학생들이 학습 내용이나 강의 내용을 메모하는 것, 직장에서 회의 내용이나, 스케줄, 지시 사항, 서평 기록, 하루 계획표 등을 메모하는 것, 일상생활에서 아이디어나 일기, 편지, 시간 계획표를 메모하는 것 등 여러 가지가 있다.

메모는 모든 일을 행함에 있어서 실수 없이 추진하고 발전시킬 수 있는 토대가 되므로 항상 기록할 수 있는 도구를 준비하고 메모하는 습관을 지닐 필요가 있다.

필자가 전 회사에 근무할 때도 메모를 잘하는 습관으로 칭찬을 받은 일이 있었다. 회사에서 상급자나 임원진의 호출이 있을 때마다 빠짐없이 다이어리를 지니고 지시 사항을 메모하여 업무를 꼼꼼히 처리했다.

그 덕분에 기본자세가 되어 있는 유능한 직원이라는 좋은 평판을 얻었고, 승진도 다른 동료들보다 1년 먼저 하는 영광을 얻었다. 이러한 작은 습관이 몸에 배어 어떤 업무든 기획할 때는 큰 어려움 없이 수행하고 있으며, 직원들에게도 메모의 기술을 전파하고 있다.

근무 시간 중에도 좋은 아이디어가 떠오를 때는 작은 수첩을 지니고 있으면서 수시로 메모한다. 어떤 때는 아주 좋은 아이디어가 떠올라 메모하였다가 제안제도 우수상을 받은 적이 있고, 어떤 날에는 근무 중에 좋은 문장이 떠올라서 급히 메모하였다가 글을 쓰는 데 참고하기도 한다.

책을 읽을 때도 항상 서평을 쓰고, 중요한 구절은 노트에 메모하는 습관을 지니고 있다. 서평을 쓰게 되면 나중에 내 글을 쓸 때도 큰 자산이 된다.

메모하는 습관은 매우 중요하다. 좋은 아이디어를 잊지 않고 메모하였다가 혁신적인 사업을 구상하거나 생산성 향상과 원가 절감 등으로 발전시켜 개인과 회사 발전에 이바지할 수가 있기 때문이다. 항상 메모하는 데 소홀함이 없어야 하는 이유다.

그래서일까? 성공한 사람들의 공통된 습관 중 하나가 메모하는 습관이라고 한다. 아무리 기억력이 좋다고 해도 세월이 흐르면 기억력은 흐려지기 마련이다. 메모하는 습관은 대단한 위력을 발휘한다.

에디슨이 노란색 노트를 가지고 다니면서 수많은 메모를 한 것이 그를 발명왕으로 탄생시킨 계기가 되었으며, 슈베르트가 길을 가면서 혹은 식사를 하다가 좋은 가락이 떠오르면 메모했던 작은 습관이 그를 가곡의 왕으로 탄생케 하였다.

존 레논은 비행기 안에서 시상이 떠오른 것을 메모했는데, 그 결과 그 유명한 〈Imagine〉이란 명곡이 탄생되었다. 메모가 성공을 이끄는 대표적 사례라 할 수 있는 대목이다.

아인슈타인의 〈조용하고 겸손한 삶은 끊임없는 불안 속에 성공을 좇는 것보다 더 큰 기쁨을 준다〉, 〈의지가 있으면 길이 열린다〉라는 2장의 메모장이 경매에서 20억 원에 팔렸으며, 레오나르도 다빈치의 메모 책 〈코덱스 해머〉가 47억 원에 판매되었다고 한다. 이처럼 작은 메모들이 어떤 때는 상상을 초월한 값어치를 하기도 한다.

"느닷없이 떠오르는 생각이 가장 귀중한 것이며 보관해야 할 가치가 있는 것이다. 메모하는 습관을 갖자."

철학자 프란시스 베이컨의 말이다. 문득 떠오르는 생각이 참신한 아이디어가 되므로 언제 어디서나 메모하는 습관을 가지라는 뜻이다.

메모는 여러 가지 좋은 효과를 얻을 수 있다. 모든 업무의 효율을 높이며 학습에 도움을 주고, 강의나 강연 내용을 충실히 준비하여 실수 없도록 하게 하고, 시간을 효과적으로 관리하게 한다.

그 외에도 지시 사항을 메모하면 업무를 철저히 처리하게 되어 좋은 평판을 얻게 되고, 주간 월간 계획을 바탕으로 이듬해 사업 계획을 알차게 작성할 수 있으며, 좋은 아이디어를 메모하여 개인과 회사에 큰 성과를 이룰 수 있다.

이렇듯 다양한 일들을 성취하는 데 원동력이 되고 여러 가지 좋은 효과를 얻을 수 있으므로 메모하는 데 정성을 다해야 한다.

뇌 과학자들에 의하면, 읽고 쓰는 습관이 뇌를 활발하게 하여 뇌 건강에 많은 도움을 준다고 한다. 스마트폰에 기록하는 습관보다 노트나 메모지에 기록하는 습관이 건강에 많은 도움이 된다는 의미이다.

필자는 주말마다 도서관에 가서 책과 신문을 읽는데, 중요한 내용은 항상 노트에 메모한다. 도서관에는 많은 책과 신문, 잡지가 비치되어 있으므로 양서를 읽고 메모하는 습관을 들이면 다양한 지식을 쌓는 데 최고의 방법이 된다.

《일류의 조건》을 집필하여 우리에게도 잘 알려진 일본 베스트셀러 작가 사이토 다카시는 30년 동안 메모를 써 온 것을 바탕으로 1년에 30여 권의 책을 집필했다고 한다. 메모가 쌓이고 쌓이면 귀중한 재산이 되며, 나의 삶을 변화시키고 성장하게 만드는 것이다.

독서를 하든, 일을 하든, 사색을 하든, 운동을 하든, 여행을 하든, 차를 마시든, 잠자리에 들든 좋은 아이디어가 떠오르면 생각만 하지 말고 즉시 메모하는 습관을 지녀 보라. 메모가 쌓이면 큰 자산이 되며, 메모하는 습관이 기적을 낳는다는 사실을 간과해서는 안 된다.

시간을 지배하는 사람이 성공한다

새벽 4시 반, 하버드대 도서관은 환하게 불이 켜져 있다. 앉을 자리가 없을 정도로 학생이 가득하다. 세계 최고의 수재들도 아침 일찍 일어나서 공부하는 데 여념이 없는 것은 모두가 목표를 달성하고 성공하기 위해서이다.

"성공은 남는 시간을 어떻게 쓰는가에 달려 있다."

하버드 출신들이 입버릇처럼 하는 말이다. 그들은 밥 먹을 때에도 공부를 하고, 일광욕할 시간도 없이 시간을 아끼면서 공부와 씨름하며, 시간을 낭비하는 것을 가장 큰 죄악이라 생각한다.

지구상에서 시간을 가장 아끼는 사람이 하버드대의 학생들이다. 이러한 노력의 결과로 지금까지 하버드대 출신 미국 대통령이 8명에 이르고, 160여 명이 노벨상을 수상했다.

"새벽에 일어나서 운동하고 공부하고 노력하는데도 인생에서 좋은 일이 일어나지 않는다고 말하는 사람을 본 적이 없다."

오스트레일리아 작가 앤드류 매튜스의 말이다. 일찍 일어나서 노력하는 사람은 반드시 좋은 결과를 얻는다는 뜻이다.

아침 일찍 일어나서 운동하고 자기 계발을 위해 노력하는 사람은 그만큼 시간 관리를 잘하는 사람일 것이다. 시간은 한번 지나가면 되돌릴 수 없으며, 오늘 새벽은 두 번 다시 오지 않는다.

이러한 시간을 잘 사용하는 사람에게는 그에 대한 성과와 보상이 따르지만, 시간을 함부로 허비하고 낭비하는 사람에게는 매정하고 냉혹하게 아무것도 주어지지 않는다. 이 때문에 시간은 무엇보다도 소중히 사용할 수 있도록 철저한 관리가 필요하다.

그런데 많은 사람이 시간의 중요성을 깨닫지 못하고 살아가는 것이 현실이다. 아침에 늦잠 자는 시간, 출근 후 잡담하는 시간, 근무 중 게임하는 시간, 퇴근 후 TV 보면서 낭비하는 시간, 휴일에 잠자고 게임하는 시간, 상습적으로 술 마시는 시간, 잦은 여행하는 시간 등 황금 같은 시간을 자신도 모르게 낭비하면서 살아간다.

전문가에 의하면, 저녁에 텔레비전을 보지 않으면 1년에 2개월의 시간을 유용하게 사용할 수 있다고 한다. 요즈음에는 핸드폰을 잠깐만 보아도 최신 뉴스를 알 수 있으므로 굳이 장시간 텔레비전을 보면서 아까운 시간을 낭비할 필요가 없는 시대다.

내게 주어진 시간은 스스로 주도적으로 사용하여야 한다. 황금 같은 시간을 효율적으로 관리하는 2가지 방법을 알아보자.

• 시간 계획표를 짜라

벤저민 프랭클린은 과학자 겸 정치가이다. 그는 시간을 철저히 관리하기 위해서 다이어리에 시간별로 계획을 짜서 자신에게 주어진 하루를 단 한순간도 헛되이 쓰지 않았다. 이러한 시간 관리를 바탕으로 발명가, 과학자, 외교관, 정치가 등 여러 분야에서 훌륭한 업적을 남기고 미국 건국의 아버지 중 한 명이 되었다.

필자도 하루하루 시간 계획표를 메모하면서 시간 관리를 하고 있다. 시간 관리를 철저히 함으로써 아침 출근 후 30분, 점심시간 30분, 주말을 책 읽는 시간으로 활용하여 1년에 100권 이상의 책을 읽고 있다.

"성공하는 사람은 시간을 어떻게 활용할 것인가를 고민한다."

쇼펜하우어의 말이다. 시간을 낭비하지 않고 효율적으로 사용하여야 성공할 수 있다는 의미이다. 시간 계획표가 없으면 하루하루

는 아무런 의미 없이 허송세월하게 되며, 자기 발전은 기대할 수
없게 된다.

직장에서도 오늘 할 일을 디테일하게 메모지에 써서 붙여 놓고
일을 해 나가면 훨씬 더 업무 효율도 높이고, 바쁘게 허둥지둥하지
않고 시간 관리도 효과적으로 할 수 있다.

시간은 가장 비싼 자산이다. 때문에 시간을 귀하게 여겨야 한다.
나도 모르게 흘러가는 시간을 디테일하게 시간 계획표로 기록하면
서 관리하도록 하자.

• 목표를 설정하라

시간 관리를 잘하려면 목표가 있어야 하고, 하루하루 목표에 따
라 계획을 짜서 움직여야 한다. 분명한 목표를 세우고 구체적인 계
획에 따라 시간을 효율적으로 관리하여야 시간을 주도적으로 사용
하면서 목표를 달성하게 된다.

시험에 합격하기, 누구도 대체할 수 없는 탁월한 역량 갖추기,
저축으로 1억 모으기, 5년 내 내 집 마련하기, 1년에 책 100권 읽
기, 1년에 책 1권 이상 쓰기, 은퇴 시 5층 연금 집 마련하기 등 목
표를 명확하게 설정하고 꾸준히 실천하여야 시간을 효과적으로 사
용할 수 있다.

벤저민 프랭클린을 비롯하여 성공한 사람은 모두 시간 관리의 고수다. 자수성가하여 부자가 된 사람은 대부분 바쁘게 활동하면서 시간을 철저히 아껴서 사용하는 반면, 가난한 자는 게으르고 시간을 무의미하게 낭비하는 경향이 많다고 했다.

부자는 언제나 생산적인 시간을 사용하면서 미래를 예측하고 준비하는 데 반해, 가난한 자는 하루하루 시간 때우기에 급급하면서 살아간다. 이것이 부자와 가난한 자의 차이점이다.

현자는 세상에는 되돌릴 수 없는 것이 3가지가 있다고 했다. 그것은 시간과 신뢰, 생명이다. 흘러간 시간은 영원히 다시 오지 않는다. 1분 1초의 시간이라도 허투루 보내거나 쓸데없이 다른 사람 때문에 아까운 내 시간을 낭비하는 현명하지 않은 행동은 삼가야 한다.

"광음여류(光陰如流)"

세월이 흐르는 물과 같이 빠르다는 의미이다. 언젠가는 좋은 날이 오겠지 하다 보면 세월은 한없이 흘러가 버린다. 금 같은 시간, 더욱더 창의적이고 귀중하게 사용하기를 바란다. 기억하라. 그 '언젠가'는 영원히 오지 않는다는 사실을….

나이가 들수록 하지 말아야 할 13가지

나이 들수록 매사에 현명하고 지혜롭게 행동하여야 편안한 노후를 보낼 수 있다. 그런데 많은 사람이 처신을 잘못하여 재산상 큰 피해를 보거나 정신적 스트레스를 받으면서 불편한 삶을 살고 있는 것이 현실이다.

욕심을 버리고 하루하루를 계획적인 생활을 하면서 재정 관리를 철저히 하여야 안전하고 편안한 노후의 삶을 영위할 수 있다는 점을 명심하여야 한다. 이를 위해 하지 말아야 할 13가지 고귀한 지혜를 알아보면 다음과 같다.

• 각종 보이스피싱 피해를 보지 않도록 주의하라

최근 들어 보이스피싱 사기 수법이 교묘해지고 있다. 피싱 종류에는 카드 발급 사기, 대출 빙자 사기, 범죄 연루 사기, 택배 링크 사기, 결혼 사기, 청첩장 및 부고장 링크 사기, 가족 위협 사기, 고수익 보장 사기, 기관 사칭 사기 등 여러 가지가 있다.

특히 기관을 사칭하는 피해 규모가 2024년 기준 9,519건, 피해액이 무려 5,300억 원에 이른다고 하므로 검찰·경찰·금감원 등을 사칭하는 기관 사칭 피해를 보지 않도록 유의하여야 한다. 최근에는 AI를 이용하여 목소리를 조작해 송금을 유도하는 피싱까지 등장했다고 하니, 피해를 보지 않도록 각별한 주의가 필요하다.

• 불법 리딩방 사기에 주의하라

리딩방에는 주식을 비롯하여 선물, 코인 등에 투자로 고수익을 보장한다는 광고로 유인하여 금전을 가로채는 수법으로 사기를 치는 악질적인 사기범들이 활개를 치고 있으므로 특별히 주의가 요망된다.

고수익을 보장한다는 문자나 광고가 오면 즉시 삭제하여 사기 링크에 접속하지 않도록 주의하여야 재산을 안전하게 보호할 수 있다. 고수익이라고 유혹할 때는 항상 함정이 있다는 사실을 잊어서는 안 된다.

• 각종 불법 다단계에 뛰어들지 마라

다단계에는 고수익을 보장하는 기획부동산 다단계 투자를 비롯하여, 특정 사업에 투자한다거나, 미상장 주식에 투자하여 큰 수익을 보장한다는 등 여러 가지가 있다. 따라서 불법 다단계에 의하여 피해를 보지 않도록 유념하여야 한다.

필자의 주변에도 기획부동산의 감언이설에 속아서 고가에 개발할 수 없는 토지를 지분 형식으로 매입한 사람들이 여러 명 있다. 그들은 계약하고 나서야 개발이 불가능한 데다 터무니없이 비싼 가격에 매입했다는 사실에 많은 후회를 하고 있다.

잘 모르거나 개발되면 큰 수익을 낼 수 있다는 광고를 듣고 부동산을 매입하고자 할 때는 사전에 전문가의 도움을 받거나 현장을 반드시 확인하는 지혜를 발휘하여야 사기 피해를 예방할 수 있다.

• 자녀에게 재산 증여는 천천히 하라

"사람의 마음을 상하게 하는 세 가지가 있다.
고민과 언쟁 그리고 빈 지갑이다.
그중에서 빈 지갑이 가장 큰 상처를 입힌다."

서양의 한 격언이다. 경제적 어려움이 개인의 마음과 삶에 얼마나 큰 영향을 미치는지를 단적으로 보여 준다.

재산을 일찍 한꺼번에 증여하게 되면 시간이 지날수록 경제적으로 궁핍한 생활로 인하여 자녀들에게 눈치를 보게 되어 자존심에 심한 상처를 받는 일이 발생할 수 있다.

병원비나 생활비는 자녀들에게 의존하지 않도록 재정 관리를 철저히 하여야 즐거운 노년을 보낼 수 있다. 따라서 재산은 한꺼번에 증여하지 말고, 조금씩 분할 증여할 것을 고려하기를 권한다.

나이 들수록 수중에 돈이 있어야 남의 눈치를 보지 않고 편안한 노후를 보낼 수 있다.

• 퇴직금으로 창업하지 마라

조기 은퇴자나 정년, 퇴직자들이 은퇴 후 퇴직금으로 창업을 하여 몇 년 만에 퇴직금만 날리고 폐업하는 사례가 많다. 우리나라에서 창업으로 성공하는 확률은 극히 낮은 편으로, 5년 이상 생존하는 자영업 비율이 20%에 불과하다고 한다.

창업은 되도록 젊은 시절에 공부를 충분히 한 다음 도전하여야 성공 확률이 있는 것이므로 노년에는 불안전한 창업보다는 가급적 예금이나 연금 등 안전한 투자를 하여야 노후 자금인 퇴직금을 온전히 지킬 수 있다는 점을 명심하고 또 명심하여야 한다.

• 도박에 빠지지 마라

도박은 마약과 같아서 한번 빠지게 되면 중독되어 빠져나오기가 힘들다. 게다가 금전적 피해는 물론, 가족과의 관계까지 파괴한다. 어떤 사람들은 카지노 게임에 빠져서 전 재산을 날리고 카지노 주변에서 노숙자 생활을 한다고 한다. 이렇듯 도박은 재산도 잃고 가정도 잃는 최악의 삶이 될 수 있으므로 철저히 삼가야 한다.

• 빚내서 투자하지 마라

아무리 좋은 아이템이 있고 해도 빚내서 투자하는 것은 삼가야 한다. 투자는 100% 성공한다는 보장이 없다. 특히 경기 침체나 코로나 같은 예상치 못한 환경으로 큰 피해를 볼 때는 빚으로 인하여 파탄을 맞을 수 있다.

나이가 들수록 부채를 줄이고 빚내서 투자하는 일은 절제하여야 편안한 노후를 보낼 수 있다. 그런데 많은 사람이 2010년 한창 부동산 광풍이 불 때 시세의 60~70% 대출을 안고 상가나 지식산업

센터, 분양형 호텔 등에 묻지 마 투자를 하였으나 현재 공급 과잉 등으로 공실이 많이 발생하여 큰 손실을 보고 있다.

어떤 분야든 계속해서 상승하는 경우는 없으며, 고수익에는 항상 함정이 있다는 사실을 유념하여야 한다.

• 탐욕을 절제하라

지나친 욕심은 패가망신할 수 있으므로 재물 욕심을 비롯하여 명품 욕심, 뇌물 욕심, 권력 욕심, 무분별한 이성 교제 등에 대하여 절제가 필요하다.

최근에는 일확천금을 바라고 해외 취업 사기에 속아서 불법 피싱업에 가담하는 사람들이 많이 발생하여 사회적인 이슈가 되기도 했다. 재산상이나 신상에 큰 피해를 입는 것은 지나친 탐욕으로 인한 것이므로 자신의 분수를 지키면서 소탐대실하지 않도록 주의하여야 한다.

특히 고위직이나 지도자의 위치에 있는 사람은 재물이나 권력에 탐욕을 부리게 되면 명예에 큰 손상을 입게 된다. 따라서 신뢰와 존경을 받을 수 있도록 탐욕을 절제하고, 청빈한 삶을 영위하는 습관을 지녀야 한다.

지도자가 부정부패를 일삼거나 권력을 남용하게 되면 사회 혼란과 국정 마비, 신인도 추락, 환율 급등, 주가 폭락 등 그 피해는 많은 국민에게 돌아갈 수밖에 없다는 사실을 잊어서는 안 된다.

• 건강을 과신하여 방치하는 습관을 버려라

사람의 몸은 나이가 들수록 하나둘 병들게 마련이다. 지금 당장 건강하다고 하여 건강 관리를 하지 않으면, 큰 병을 얻은 뒤에 후회하게 된다. 따라서 한 살이라도 젊을 때 지속적으로 체력을 단련하여야 하며, 정기적으로 건강 검진을 받아야 건강한 노년을 보낼 수 있다.

아무리 재산이 많다 한들 병들면 아무 소용이 없는 것은 동서고금을 막론하고 불변의 진리다. 건강보다 더 큰 자산은 없기 때문이다. 꾸준히 근력 운동을 하면서 수시로 건강을 체크하는 습관을 지녀라.

필자도 매일 한 시간씩 근력 강화 운동을 하고 있으며, 일정 시간을 할애하여 체력 관리에 전념하고 있다. 평소 건강 관리를 소홀히 하게 되면 많은 의료비에 재산뿐 아니라 삶의 질이 무너질 수 있다는 것을 명심하여야 한다.

• 무분별한 사치와 과소비를 삼가라

자수성가한 사람일수록 수수하고 소박하다고 한다. 그만큼 힘들게 부를 이루었기 때문에 함부로 낭비하지 않는다는 말이다.

인도의 3대 IT 기업인 위프로의 아짐 프렘지 CEO를 비롯하여 인포시스의 나라야나 무르티 전 CEO, '오마하의 현인'이라 불리는 워런 버핏은 세계적인 부호이지만 검소한 생활로 유명한 기업인이다.

개인이든 기업이든 부를 이루려면 절약하는 습관이 몸에 배어야 한다. 특히 개인이 근검절약하지 않고 무분별하게 과소비하다 보면 재정 파탄으로 인하여 안전한 노후를 보낼 수 없을 뿐 아니라 정작 돈이 꼭 필요할 때 다른 사람에게 신세를 져야 하는 비참한 일이 벌어질 수 있다. 따라서 항상 절약하고 재정 관리를 철저히 하도록 힘써야 한다.

명품, 비싼 외제 승용차, 큰 집, 지나친 사교육비에 목매지 말아야 한다. 남들 보여 주려고 허세를 부리다 보면 아까운 노후비용만 다 날리고 후회만 남는다는 사실을 잊지 말자.

• 배우지 않아도 된다는 생각을 버려라

지금 우리는 디지털 문명 및 인공지능 시대에 살고 있다. 세상은 하루가 다르게 변하기 때문에 나이가 들었다고 하여 배우지 않으면 그만큼 급속하게 변하는 세상을 따라갈 수 없으며, 항상 뒤처진 인생을 살아갈 수밖에 없게 된다.

나이가 적고 많음을 떠나서 누구나 독서를 많이 하고 트렌드에 뒤처지지 않도록 배우는 습관을 지녀야 현명한 삶을 영위할 수 있다. 워런 버핏이 90세가 넘었는데도 공부를 게을리하지 않는 것은 독서하는 습관과 함께 하루가 다르게 변화하는 세상에 뒤처지지 않기 위함이다.

백발이 성성한 하버드대 교수들이 시간을 아끼면서 새로운 지식을 배우는 데 몰두하는 것은 AI 시대 하루가 다르게 변화하는 세상에 알아야 가르칠 수 있다고 생각하기 때문이다.

할 일이 없어서 집에서 무기력한 시간을 보내거나 도박이나 게임을 하면서 돈 몇천 원 때문에 이웃 간에 언쟁을 벌이는 시간에 도서관에 가서 지혜를 습득할 수 있는 유용한 시간을 가져 보라. 신문을 읽고 새로 나온 좋은 책들을 읽는 지혜로운 삶이, 당신을 더욱 가치 있게 만들어 줄 것이다.

• 집에만 머물러 있지 말라

"규칙적으로 운동하는 사람은 목적의식이 뚜렷하고 감사와 사랑, 희망의 감정을 더 많이 경험하며 공동체에 대한 유대감이 더 강하고 외로움이나 우울증에 빠질 가능성도 낮다."

켈리 맥고니걸 건강 심리학 박사는 《움직임의 힘》에서 이같이 말했다. 운동을 하게 되면 엔도르핀이 분출되어 신체 활동에 활력을 불어넣어 주고, 근심 걱정을 덜어 주며, 사람들과 유대 관계를 더욱 돈독하게 하여 즐겁고 행복한 삶을 영위할 수 있다는 뜻이다.

사람은 움직여야 한다. 귀찮다고 하여 집에만 머물러 있게 되면 TV만 보게 되고 무기력한 일상에 빠지기 쉬우므로 오히려 건강에 좋지 않다.

최근에는 직장 생활을 하면서 다양한 취미 활동을 하는 사람도 많다. 자기 계발을 하면서 계획적인 삶을 살아가는 사람들이 많다는 말이다. 고령화 시대에 활발한 활동을 해야 좋은 인간관계를 형성하면서 건강한 삶을 살아갈 수 있다는 사실을 알기 때문이다.

• 한탄하거나 절망하지 말라

"절망은 우리의 능력, 용기, 자신감을 무력화시켜 재능을 파괴한다."

오리슨 S.마든은 《아무도 가르쳐 주지 않는 부의 비밀》에서 이렇게 말했다. 절망은 희망이나 의욕을 파괴하고 사람을 무기력하게 만든다는 의미이다.

인생을 살아가면서 후회와 미련, 집착 등으로 좌절하거나 한탄하게 되면 어떤 일도 이룰 수 없다. 성공을 이루지 못했다 하여도 다시 시작할 기회는 얼마든지 있다. 긍정적인 마음가짐과 할 수 있다는 자신감을 가지고 도전하는 자세로 살아가야 무슨 일이든 성취할 수 있다. 한탄과 절망은 인생을 망치는 습관이다. 절망하는 시간에 자신감과 용기를 가져라.

사람이 열심히 일하고 부를 축적하는 이유는 지금보다 더 나은 삶을 추구하기 위해서이다. 더 나은 삶이란, 많은 부를 쌓고 행복과 풍요로움을 누리는 것이다. 그런데 욕망이 지나치게 되면 탐욕으로 이어져 많은 상처를 낳게 되며 불행한 삶을 살아갈 수밖에 없다.

"남에게 행복을 주려고 하였다면 그만큼 자신에게도 행복이 온다."

플라톤의 말이다. 행복한 삶을 원한다면 먼저 남을 행복하게 해주어야 한다는 의미이다.

노후는 더 이상 먼 미래가 아니다. 나이가 많아질수록 좋은 습관을 가지는 것이 중요하다. 작은 습관 하나하나가 10년 후, 20년 후의 삶의 질을 결정한다. 특히 돈, 건강, 인간관계가 노후에 있어서 가장 중요한 핵심 요소가 된다.

재산이 아무리 많아도 모두 행복한 것은 아니다. 꾸준한 건강 관리와 안전한 재정 관리를 하면서 절제하고, 배려하고, 정직하고, 지혜롭게 살아가는 것이 행복한 노후로 이끌 것이다.

2부

인성이 최고의 경쟁력이다

"인성은 쉽고 조용하게 개발될 수 없다.

시련과 고통의 경험을 통해서만

영혼은 강해지고 야망이 고무되고

성공이 이뤄질 수 있다."

헬렌 켈러

좋은 인성이 성공을 만든다

"학교보다 인성 교육을 먼저"

월 스트리트 금융가를 휘어잡고 있는 유대인의 교육 신조이다. 어릴 때부터 학교 교육보다 가정에 초점을 두고 교육을 한다는 의미이다.

인성은 인간이 인간답게 살아가는 데 필요한 성품이나 본성, 가치관을 뜻하는 것으로 지혜롭게 삶을 영위하는 데 있어서 매우 중요한 요소이다. 아무리 지위가 높거나 공부를 잘해도 훌륭한 인성을 소유하지 못하면 올바른 인간관계를 형성할 수 없다.

기업체에서 면접시험을 볼 때 성적보다 인성을 갖춘 창의적인 인재를 더 중요시하는 것은 인성이 그만큼 중요하기 때문이다.

사람이 정직하지 않고 탐욕을 부려 권력을 남용하거나 뇌물을 받는 등의 불법적인 행동을 하여 명예를 실추시키고 법적 심판을 받는 것은 인성에 문제가 많기 때문이다.

강도나 불법 행동을 많이 하는 사람들의 공통점은 부모에게 가정교육을 받지 못했다는 것이다. 공부만 잘하는 것이 능사가 아니고 훌륭한 인성이 그 무엇보다 중요하다.

따라서 어릴 때부터 예의범절을 비롯하여, 인사 잘하기, 배려하기, 감사하는 마음 갖기, 공경하는 마음 갖기, 정직하기, 좋은 인간관계 형성하기 등에 대하여 철저히 교육하여야 훌륭한 인재가 될 수 있다.

"사람의 마음을 얻는 사람이 천하를 얻는다."

예로부터 전해 내려오는 말이다. 그만큼 인성이 중요하다는 의미이다. 회사에서도 인사를 잘할 뿐 아니라 긍정적인 사고와 배려심과 함께 예의 바른 직원이 있는가 하면, 항상 부정적이면서 불만만 토로하고 이기적인 직원이 있다.

고위직에 있는 리더 중에서도 자신의 사리사욕만을 위하여 정직해야 하는 근본을 저버리는 사람이 있다. 이러한 사람은 한마디로 인성이 부족하기 때문이라 할 수 있다.

훌륭한 인성은 겸손, 신뢰, 정직, 덕, 예의, 효, 존중, 친절, 격려, 배려, 협동, 책임감, 감사함 등을 내포한다. 이러한 훌륭한 인성은 단시간에 완성되는 것이 아니며, 꾸준히 가정교육뿐 아니라

교육기관에서 교육하고 스스로도 반복적인 훈련을 하여 몸과 마음
에 배어야 한다.

《인성의 힘》 저자 로버트 캐슬런 2세, 마이클 매슈스 심리공학
교수는 개인과 조직이 지속적으로 승리하기 위해서는 인성이 필요
하다고 했으며, 탁월한 리더십을 발휘하기 위해서는 전문성이 아
닌 인성이 중요하다고 했다. 훌륭한 리더로서 기량과 투지, 카리스
마의 원천은 인성이라는 의미이다.

지금 우리는 사물인터넷, AI, 빅데이터 등을 기반으로 하는 제4
차 산업혁명 시대에 살고 있다. 이러한 과학화와 첨단 시대에 살아
남기 위해서는 뛰어난 역량은 물론 훌륭한 인성을 갖추는 것이 강
력한 경쟁력을 키우는 방법이 된다.

다이아몬드가 단단할수록 빛을 발하듯이 사람 역시 내면이 단단
할 때 비로소 빛난다. 그 단단함이 곧 인성이다. 성공적인 삶을 영
위하기 위해서는 무엇보다 남들과 다른 훌륭한 인성을 갖추어야 한
다. 좋은 인성이 성공을 이루는 초석이기 때문이다.

말하기 전에 세 번 더 생각하라

"발걸음을 잘못 내딛는 것은 곧 고칠 수 있다.

그러나 혀를 잘못 놀린 실수는 결코 돌이킬 수 없다."

벤저민 프랭클린의 말이다. 한번 한 말은 다시 주워 담기 힘드니 항상 말할 때는 실수하지 않도록 하라는 뜻이다.

그런데 우리는 신중하게 생각하지 않고 생각나는 대로 말을 하는 경향이 있다. 이 때문에 많은 오해와 불신이 생겨 서로 간에 감정이 안 좋아지는 일이 많이 발생하게 된다.

말 한마디에 천 냥 빚을 갚는다는 속담이 있다. 말은 잘하면 유익하게 되지만, 잘못하게 되면 평생 쌓아 올린 명예를 한순간 무너뜨릴 수 있다. 따라서 말할 땐 항상 신중히 하여야 하며, 상대에게 상처가 생기지 않도록 때와 장소에 따라 적절한 표현을 하여야 한다.

특히 지도자나 리더의 위치에 있는 사람들일수록 말하는 데 신중해야 하며, 품격 있는 말을 하여야 많은 사람으로부터 신뢰와 존경을 받을 수 있다. 지금은 SNS 발달로 말 한마디 잘못하면 큰 파장을 일으킬 수 있으므로 특히 주의가 필요하다.

회사에서도 인성이 부족하여, 예의범절이 부족하여, 교양이 부족하여, 존경심이 부족하여, 과도한 욕심으로 인하여, 이기적인 사고방식으로 인하여 감정이 격화되어 분쟁이 일어나는 경우가 많다. 이로 인해 직장 분위기를 흐리며, 많은 사람으로부터 비난을 받는 일이 종종 발생한다.

어떤 상사는 "어이! 커피 한 잔 가져와.", "야! 물 한 잔 가져와."와 같은 표현을 쓰기도 한다. 아무리 상사라도 예의에 어긋나므로 명령조의 언행과 비속어는 삼가고, "커피 한 잔 부탁합니다."라든지 "물 한 잔 부탁해도 될까요?"처럼 품격 있는 표현을 사용할 때 비로소 존경받는 상사가 될 수 있다.

가족 간에도 배려 없이 무시하거나 지혜롭지 못한 말투로 감정이 대립하여 분쟁이 일어나는 때도 있으며, 극한 상황까지 이어지는 사례도 있다. 따라서 부모나 부부, 자녀, 형제, 친지 간에는 특히 주의를 기울여서 대화하여야 한다.

친구나 연인 관계에서는 진실함이 부족하여, 지혜가 부족하여, 시기와 질투심으로 인하여, 탐욕적인 행동으로 인하여, 절제력이 부족하여, 정직하지 못한 행동으로 인하여, 이해심 부족으로 인하여, 서로가 감정이 격화되어 좋은 인연이 한순간 나쁜 관계로 이어져 끝내 절연하는 경우가 많이 일어나는 것도 사실이다.

아무리 친한 관계라도 "네 주제를 알아라!", "웃기는 소리 하지 마!"라는 표현은 상대방을 무시하는 말이므로 삼가야 하고, "다시 한번 생각해 봐." 또는 "내 생각은 이러한데 어떻게 생각해?"라는 표현이 훨씬 품격 있는 말이 된다.

말은 삶에 있어서 매우 중요한 것 중의 하나이다. 좋은 말 한마디가 상대방에게 큰 감동을 줄 수가 있으며, 나쁜 말 한마디가 평생 쌓은 품격을 무너뜨릴 수 있다. 따라서 말할 때는 몇 번 더 생각하고 신중히 말하는 습관을 지니도록 노력하여야 한다.

"사람을 이롭게 하는 말은 따뜻하기가 솜과 같고 사람을 상하게 하는 말은 날카롭기가 가시 같아서 한마디 말이 사람을 이롭게 함은 소중하기가 천금 같고 한마디 말이 사람을 속상하게 함은 아프기가 칼에 베이는 것과 같다."

《명심보감》에 이 같은 구절이 있다. 감정을 상하게 하는 말보다는 사기를 진작시킬 수 있는 감동적인 말을 사용하라는 의미이다.

누구를 만나든 말은 상황에 따라 매우 조심해서 하여야 한다. 말을 함부로 하는 사람들로 인하여 많은 불협화음이 생기고 서로 간에 신뢰가 깨지며, 심하면 인간관계의 단절과 함께 모진 풍파를 맞게 된다.

직장의 동료든 부하직원이든, 가족 간이든, 친구 간이든, 연인 관계이든, 지인 관계이든, 사회에서 부딪치는 모든 사람에게 있어서 사소한 말 습관과 태도는 매우 중요하다.

"세 번 생각하고 행동하라."

하버드대에서 교수진이 학생들에게 이같이 강조하는 이유는 무엇일까? 그것은 바로 실수를 줄이기 위함이다.

말을 잘하느냐 잘못하느냐에 따라 좋은 인간관계가 형성될 수도 있고 그렇지 않을 수도 있으므로 모든 사람에게 말을 더욱더 지혜롭게 하여야 한다. 항상 상대방을 존중하고 배려하는 마음으로 대화하는 습관을 지녀야 좋은 평판으로 승승장구할 수가 있음에는 이론의 여지가 없다.

"구화지문(口禍之門)"

재앙은 입으로부터 나오고 입으로 들어가므로 항상 말을 조심하라는 의미의 사자성어다. 내가 잘못 말하면 내 얼굴이 더럽혀지고, 내가 좋은 말을 하면 나를 더욱 빛나게 한다. 센스 있는 말 한

마디가 기분 좋은 하루를 선사하는 최고의 선물이 된다는 점을 명
심하자.

우정은 노력으로 완성된다

"진솔함, 다정함"

랄프 왈도 에머슨은 《에머슨의 자기 확신에 관하여》에서 이 두 가지가 우정을 구성하는 요소라고 설명했다. 진정한 우정은 진실함을 토대로 굳건한 신뢰를 쌓고, 흔들리지 않는 마음의 깊이로 다가가야 한다는 의미이다.

우정은 진실하고 변함없는 마음속에 더욱 돈독해진다. 친구는 자신을 비추는 거울과도 같다는 말도 있듯이 지혜로운 친구를 두는 것처럼 자랑스러운 일은 없다.

친구는 고귀하게 여겨야 한다. 인생을 살다 보면 항상 평탄한 길만 갈 수는 없다. 누구나 한 번쯤은 역경에 봉착할 때가 있다. 이러한 곤경에 빠졌을 때 친구의 도움으로 어려움을 무난히 헤쳐 나갈 수 있다면 크나큰 축복이 아닐 수 없다.

사람은 누구나 살다 보면 거리감이 생기거나, 어려운 부탁과 같은 이유로 말없이 멀어져 간 친구들을 경험하게 된다. 반면 어릴 때부터 오래도록 우정을 이어 오며 끈끈한 관계를 유지하는 친구도 있다.

나이가 들수록 친구의 중요성은 더욱더 커지게 된다. 비록 도움을 주고받는 경우가 아니더라도, 각종 애경사에 많은 친구가 찾아 준다면 그 자체로 그 사람의 인격을 높이 평가받는 일이 되며, 상대방에게는 큰 감동을 주는 일이 된다. 많은 친구를 곁에 두고 있다는 것은 그만큼 평소 인간관계를 성실하게 가꾸어 왔다는 증거라고 볼 수 있다.

친구는 직장을 다닐 때도 필요하지만, 퇴직 후에는 업무가 아닌 외로움과 쓸쓸함이라는 복병과 싸우게 되므로 친구가 더 소중할 수밖에 없다. 외롭고 고독할 때 진정한 친구 몇 명이 있다면 성공한 인생이 아닐 수 없다.

올해 봄에 친구의 자녀 결혼식에 참석한 적이 있었다. 예식장 안은 젊은 사람들로 꽉 차 있었는데, 알고 보니 신랑 친구들이 자리가 모자랄 정도로 많이 온 것이었다. 친구가 많지 않은 나 자신이 부끄러울 정도였다.

놀란 마음으로 예식이 끝나고 신랑에게 어떻게 친구들이 이렇게 많이 있을 수 있냐고 물어보았더니, 그의 대답은 "대부분 학교 친구입니다."라는 것이었다.

　지극히 평범한 대답이었다. 평범한 대답이지만 그는 친구를 사귐에 있어서 신뢰와 정직성을 가지고 인간관계를 꾸준히 잘 유지해 왔음을 여실히 보여 주었다고 할 수 있다.

　"친구를 고르는 데는 천천히,
　친구를 바꾸는 데는 더 천천히 하라."

　벤저민 프랭클린의 말이다. 친구를 사귈 때는 좋은 친구를 사귀어야 하고, 좋은 친구가 쉽게 떠나지 않도록 인간관계 형성에 소홀하지 말라는 뜻이다.

　술과 우정은 오래 묵을수록 훌륭한 향기를 머금는다는 말이 있다. 우정은 인생을 살아가는 데 있어 힘이 되어 준다. 인생을 살아가는 동안 어려움에 부닥쳤을 때 생사고락을 함께할 수 있는 친구, 배울 점이 있는 친구, 정직하고 신뢰할 수 있는 친구, 그리고 외롭고 쓸쓸할 때 따뜻한 마음으로 도움을 주고받을 수 있는 다정한 친구를 두어야 한다.

　이에 반해 자신이 필요할 때만 이용하고, 필요하지 않을 때는 관심이 없는 비정한 친구는 사귀어서는 안 된다.

　"친구가 없어 고독한 것보다 더 슬픈 일은 없다. 우정은 좋은 것을 두 배로 불리고 나쁜 것을 반으로 나눈다. 우정은 불행에 대비하는 가장 좋은 수단이자 영혼을 자유로이 숨 쉬게 해 주는 환기구이다."

철학자 발타자르 그라시안은《세상을 보는 지혜의 기술》에서 이같이 말했다. 슬픔과 행복을 함께할 수 있는 지혜로운 친구를 두는 일은 무엇보다 중요한 일이라는 뜻이다.

주변 친구를 보면 그 사람을 안다는 말이 있다. 친구는 비슷한 사람끼리 친해지기 마련이다. 좋은 친구를 사귀기 위해서는 나 자신이 일등 친구가 되어야 하며, 어떠한 상황에서도 배반하지 않는 친구가 되어야 좋은 친구를 사귈 수 있다.

"정직한 사람 벗하고, 신실한 사람 벗하고, 견문이 많은 사람을 벗하면 유익하고, 아첨하는 사람을 벗하고, 부드러운 척을 잘하는 사람을 벗하고, 말 잘하는 사람을 벗하면 해롭다."

공자의 말이다. 정직한 사람을 가까이하고, 말 많은 사람을 멀리하라는 의미이다.

옛말에 인생에서 좋은 친구 3명만 있으면 성공한 인생이라고 했다. 지혜롭고 현명한 좋은 친구를 두는 것은 축복이다. 내가 어려움에 부딪혔을 때, 용기와 힘을 실어 줄 수 있는 진솔하고 다정한 친구를 곁에 두는 데 정성을 다하라.

품격 있는 말이 나를 빛낸다

"다른 사람이 기뻐할 수 있는 말을 할 줄 알아야 성공한다."

우에니시 아키라는 《간절히 원하면 이루어진다》에서 이같이 말했다. 다른 사람과 대화를 나눌 때 기쁨과 의욕이 생기게 하는 말을 사용하면, 상대방으로부터 격려와 칭송을 받으므로 좋은 평판을 유지할 수 있다는 의미이다.

가정이든 직장이든 사람들과의 관계에 있어서 상대방의 인격을 높여 주면서 나의 품격도 높이는 대화 기법은 매우 중요한 요소이다.

인생을 살아가다 보면 사소한 말 표현 때문에 인간관계가 단절되고 서로 간 감정이 격화되는 일이 많이 발생하곤 한다. 인간관계는 한번 단절되면 좋은 관계로 회복되는 데 상당한 시간이 소요되므로 대화를 나눌 때는 항상 배려하면서 좋은 말을 사용하도록 노력하여야 한다.

그렇다면 상대에게 감동을 주면서 나의 품격이 높아지는 보석 같은 말에는 어떤 것들이 있을까?

- 그거 좋은 생각입니다.

- 좋은 질문입니다.

- 대단한 솜씨입니다.

- 잘하고 있어요.

- 충분히 공감이 가는데요.

- 끄덕임과 박수

- 신의 한 수입니다.

- 그럴 수 있습니다.

- 이쁘고 멋있습니다.

- 맞는 말입니다.

- 수고 많았습니다.

- 정말 잘했습니다.

- 엄지 척과 함께 '굿!'

- 시간 내주셔서 감사합니다.

- 잘 알겠습니다.

이러한 좋은 말에 대하여 상세히 알아보자.

• 그거 좋은 생각입니다

좋은 생각이든, 조금 못 미치는 생각이든 상대방에게 상처를 주지 않고 자신감과 용기를 심어 주는 좋은 표현이다. 회의를 비롯하여 실험, 연구, 과제 발표, 각종 모임 등 다른 사람이 용기 내어 발언한 내용에 대하여 무시하지 않고 좋은 생각이라고 말해 줌으로써 그 사람은 뿌듯함을 느끼게 되며 앞으로 더욱더 잘할 수 있는 계기가 될 것이다.

• 좋은 질문입니다

상대의 능력을 과소평가하지 않고 질문자의 실력을 인정해 주는 좋은 표현이다. 질문 내용이 쉬운 것이든, 어려운 것이든 질문을 한다는 것은 그 사람이 상당한 용기를 냈다는 것을 의미한다. 따라서 질문을 받았을 때 상대방에게 호의를 베풀면서 좋은 질문이라고 말해 준다면, 상대방은 더욱 자신감을 갖게 되며 서로 간에 신뢰와 존경심이 우러나게 된다.

• 대단한 솜씨입니다

상대방의 실력을 인정해 주면서 감동을 불러일으키는 좋은 말이
다. 조금 못 미치든, 훌륭한 솜씨이든 훌륭하다고 말해 줌으로써
상대방은 큰 보람을 가지게 되고 더욱 잘할 수 있는 동기를 유발할
수 있다.

• 잘하고 있어요

상대의 감정을 상하게 하지 않으면서 더 잘할 힘을 실어 주는 좋
은 표현이다. 상대방이 어떠한 일을 함에 있어서 생각보다 다소 못
하고 있더라도 비난하여 사기를 꺾는 말보다는 더욱 분발할 수 있
도록 잘하고 있으니까 조금 더 힘을 내라는 응원의 말이 최선을 다
하게끔 이끌어 줄 것이다.

• 충분히 공감이 가는데요

상대의 입장을 충분히 이해하고 동의해 주는 좋은 표현이다. 회
의를 하거나 각종 토론이나 모임을 할 때, 상대의 말에 대하여 그

냥 "예."라고 간단히 대답하기보다는 충분히 공감이 간다고 말한다면, 자신의 말을 잘 알아듣고 관심이 있다고 느낄 것이다. 따라서 동의하는 마음을 가지면서 친밀한 관계를 유지할 수 있도록 상대의 말에 대하여 적절하게 공감의 표시를 하자.

• 끄덕임과 박수

때로는 제스처도 말만큼이나 좋은 표현이 된다. 끄덕임과 박수는 상대방의 의견을 존중하고 잘하고 있다는 표현으로서 사기를 북돋아 준다. 상대의 표현에 대하여 잘하든 못하든 잘했다고 박수로 응하면 상대방은 안도하면서 기죽지 않고 더욱 분발하여 자신이 맡은 일을 열정적으로 하게 된다. 상대방이 발표하거나 어떠한 성과에 대하여 칭찬받았을 때는 항상 끄덕임으로 인정하고 박수로 격려하는 습관을 지녀야 서로가 윈윈하는 계기가 된다.

• 신의 한 수입니다

최고의 묘수라고 칭찬해 줌으로써 상대방이 스스로를 지혜롭고 현명하다고 인식하게 하는 좋은 표현이다. 경기에서 상대방에게 승리하는 방법을 제안할 때, 다양한 연구를 하는 데 최고의 효과를 나타내는 방법을 제공할 때, 요리에서 생각지 못할 만큼 뛰어난 맛을 내는 비법을 제공할 때, 모두가 신의 한 수가 되는 것이다.

상대방이 누구도 따라 할 수 없는 훌륭한 노하우를 가지고 있다면 이렇게 말해 보자. 상대방은 크게 감동받게 되고, 매사에 자부심을 가지고 연구하고 노력할 것이다.

• 그럴 수 있습니다

상대방이 실수했거나 위기에 처해 있을 때, 상대방을 위로해 주고 공감해 주는 좋은 표현이다.

어느 날 입사한 지 1년이 안 된 H 직원이 납품할 제품을 포장하면서 제품 일부를 누락시켜서 포장한 것을, 필자가 라벨 번호가 맞지 않는 것을 이상하게 여겨 추적하여 발견하게 되었다.

해당 직원은 교대 근무인 관계로 퇴근하고 없는 상황이라 다음 날 사실을 통보하였다. 실수를 한 해당 직원은 깜짝 놀라며 어찌할 바를 모르고 많은 죄책감에 사로잡혀 있었다. 필자가 사기를 북돋아 주기 위해 그럴 수도 있다고 하면서 다음부터 실수하지 말라고 위로해 주었다. 직원은 당황한 기색에서 다소 안정을 찾으면서 고마움을 표했다.

사람은 누구나 실수를 할 수 있다. 처벌이나 책망만을 하기보다는 이런 실수를 반복하지 않도록 교육하고, 일을 더욱 잘할 수 있도록 사기를 불어넣어 주는 것이 무엇보다 중요하다.

• 이쁘고 멋있습니다

상대의 자존심을 지켜 주면서 보다 기쁜 마음을 선사해 주는 좋은 표현이다. 상대방의 옷차림이나 스타일이 기대에 다소 못 미치더라도 멋있다는 표현은 상대방에게 하루 종일 좋은 기분을 남긴다. 따라서 항상 상대방의 스타일에 대하여 부정적인 말을 하기보다는 멋있다는 좋은 표현을 자주 사용하여 서로 간에 좋은 인간관계가 유지되도록 노력하라. 사람은 감정의 동물이라 좋은 말을 하게 되면 더욱 친한 관계가 형성될 수 있다.

• 맞는 말입니다

상대방의 의견을 존중해 주고 서로 간에 유대감을 더욱 깊게 만들어 주는 좋은 표현이다. 상대방이 나와 같거나 유사한 표현을 하였을 때, 당신 말이 옳다고 말해 보자. 상대방은 많은 성취감을 느끼면서 서로 간에 우호적인 관계를 형성하게 될 것이다.

• 수고 많았습니다

상대방에게 보람과 긍지를 심어 주는 좋은 표현이다. 업무를 마치면서 그냥 아무런 말 없이 헤어지는 것보다는 서로가 수고 많았다는 인사를 하게 되면, 일에 대한 자긍심과 보람을 가지게 된다. 또한 직원 상호 간에 유대 관계가 돈독히 해 주는 계기가 되므로 항상 "수고 많았다." 또는 "고생 많았다."는 표현을 할 수 있도록 습관을 지녀야 품위 있는 직원의 자세가 될 것이다.

필자도 일을 마치고 퇴근할 때는 항상 직원들에게 수고 많았다고 인사하는 습관을 지니고 있다. 좋은 습관이 성공의 원동력이 된다는 것을 잊지 말아야 한다.

• 정말 잘했습니다

상대방의 실력과 능력을 인정해 주는 좋은 표현이다. 상대방이 어떠한 임무를 실행하면서 완벽하거나 훌륭하게 일을 완수하였을 때는 "잘했어요." 앞에 "진짜"나 "정말"이라는 표현을 덧붙여 준다

면 상대방에게 훨씬 큰 보람과 감동을 줄 수 있다. 따라서 앞으로
도 더욱 잘할 수 있는 계기가 되도록 크게 격려해 주는 것이 좋다.

• 엄지 척과 함께 '굿!'

상대방이 최고라는 의미로 실력을 인정해 주면서 감동을 심어 주
는 좋은 표현이다. 옆에 있는 동료 직원이 잘 모르는 것을 알려 주
었을 때, 아무도 해내지 못한 일을 해냈을 때, 엄지 척을 해 주면
서 칭찬하면 상대방은 어려운 일을 자신이 이루어 냈다는 자신감을
느끼게 된다. 작은 제스처 하나가 일의 보람을 크게 만들고, 긍정
적인 관계 형성에도 도움이 된다.

• 시간 내주셔서 감사합니다

상대방을 높여 주고 귀하게 여기는 표현이다. 이러한 말은 신뢰
형성에 매우 중요한 역할을 한다. 상대방에게 존경을 표하면서 기
분 좋게 하는 말 중에 최고의 말이라 할 수 있다. 특히 비즈니스를
하는 사람들은 많은 고객과 만나게 되는데, 이때 "시간 내주셔서
감사합니다."라고 인사한다면 성공적인 자리가 될 것이다.

- ● **잘 알겠습니다**

통상 상급자로부터 지시나 거래처로부터 의뢰를 받았을 때 많이 사용하는 표현이다. "네."라는 단순한 표현보다 훨씬 믿음이 간다. 명령을 이행하겠다거나 약속을 지키겠다는 매우 중요한 의미가 담겨 있기 때문이다.

직장에서 상급자가 어떠한 지시를 하였는데 하급자가 부정적으로 "어렵습니다.", "불가능합니다.", "싫습니다.", "못하겠습니다." 등의 말을 하게 되면, 상급자는 기분이 상하게 되고 하급자를 무능력자로 판단하여 인사 고과를 낮게 평가할 수밖에 없다. 바로 해결이 어려운 일이라면 "어렵더라도 끝까지 한번 해 보겠습니다." 라고 답하는 것이 좋다.

동료 간에도 마찬가지다. 대화를 나눌 때는 상대방을 존경하면서 나의 품격을 높이는 말을 사용하여야 한다. 그럼에도 많은 사람들이 "그것밖에 못 하냐! 아직 멀었다.", "한심하네.", "걱정되네.", "좀 잘해.", "정신 차려.", "별로네.", "그건 차원이 다르지!" 등의 말로 상대방의 인격을 무시하거나 감정을 상하게 대화하는 경향이 있다.

이러한 표현은 자신의 품격을 훼손시키고 인간관계를 더욱더 악화시킨다. 따라서 대화를 나눌 때는 상대방의 입장을 고려하여 신중하고 지혜롭게 표현할 수 있도록 노력하여야 한다.

"설중송백(雪中松栢)"

눈 속의 소나무처럼 어려운 상황에서도 품격 있는 말을 잃지 않는다는 뜻의 사자성어이다. 인간관계는 유리잔과 같아서 조금만 잘못해도 깨어져서 단절되고, 원수지간이 되어 버린다.

인생을 살면서 말처럼 분란을 많이 일으키는 것도 없다. 직장에서도 평소에는 매우 가까이 지내는 관계였는데 어느 날 사소한 일로 말다툼하여 동료들끼리 등을 지는 경우가 종종 있다. 센스 있고 품격있는 말 한마디가 관계를 결정 짓는다.

가족 간에도 칭찬보다는 기분 나쁜 대화로 말미암아 서로 분노를 참지 못하여 다투는 경우가 많다. 심지어는 성격을 탓하면서 가족 간에 절연하는 것을 보면, 말 한마디가 얼마나 중요한지를 깨닫게 된다.

동료든, 가족이든, 친척이든, 직장 친구든, 직장 부하직원이든, 직장 상사든, 협력업체 직원이든, 모임의 회원이든 그 어떠한 관계일지라도 대화를 나눌 때는 상대방의 인격을 무시하거나 마음 상하게 하는 말보다 따뜻하고 기분을 좋게 하는 품격 있는 말을 사용하여야 한다. 품격 있는 말이 나의 인격을 높인다.

탐욕은 재앙을 부른다

"탐욕스러운 사람이 백만장자가 될 수도 있다.
그러나 그는 언제나 비참하며 비천하고 불행할 것이다."

현대 명상 문학의 시조 제임스 앨런은 《위대한 생각의 힘》에서 이같이 말했다. 그는 탐욕으로 큰 부를 이루게 되면 풍요로운 삶을 영위할 수 없고, 자신이 가진 것에 만족하는 사람이 부유한 사람이며, 가진 것을 아낌없이 나누어 주는 사람은 더 부유한 사람이라고 했다. 탐욕으로 큰 부를 이룬 사람은 행복한 삶을 영위할 수 없다는 뜻이다.

인간은 풍요를 원하기 때문에, 항상 더 많이 가지기를 원한다. 이러한 욕구는 탐욕으로 옮겨 간다. 그런 탐욕을 절제하기란 쉬운 일이 아니다. 백만금을 갖게 되면 억만금을 갖고 싶어 하고, 권력을 손에 쥐면 계속하여 갖고 싶어 하는 것이 인간의 심리이기 때문이다.

우리 역사에도 재물과 권력에 눈이 멀어 양심을 저버리고 부정한 일로 인하여 여러 지도자가 명예롭지 못한 과거가 있었다. 이러한 일들은 모두 사사로운 탐욕을 절제하지 못하여 일어난 일이라 할 수 있다.

무히카 우루과이 46대 전 대통령이 오늘날까지 많은 사람으로부터 신뢰와 존경을 받는 것은 낡은 시골집에서 가난한 이웃을 배려하고 봉사하면서 청빈한 삶을 살아가고 있기 때문이다. 지도자나 고위직에 있는 사람일수록 청렴하여야 한다.

지도자가 탐욕 때문에 과오를 범하게 되면 많은 국민에게 피해를 주게 되고 평생 불명예를 안고 살아야 하므로 높은 지위에 있는 사람일수록 탐욕을 절제하도록 노력하여야 한다.

'그'는 한때 환희와 기쁨을 줄 수 있다. '그'는 많은 사람을 유혹하며, 인간의 마음을 어둡게 한다. '그'는 과도하게 되면 평생의 공을 무너뜨린다. '그'를 우리는 가장 경계하여야 한다. '그'를 멀리하면 멀리할수록 행복하다. 청렴하게 살아가는 사람들에게 최대의 적인 '그'의 이름은 '탐욕'이다.

누구를 막론하고 탐욕을 절제하지 못하면 일시적으로는 기쁨과 환희를 느낄 수 있지만, 결국 근심과 고통의 시간을 맞이하게 된다는 것을 잊지 말아야 한다.

사소한 일이라도 욕심이 지나치면 슬기로움은 어리석게 되고, 탁월함은 무능해진다. 또한 지혜로운 마음은 잔인해지며, 정직한 마음은 흐려지게 되고, 고귀한 명예는 더럽혀진다. 자신에게 주어진 대로 만족하면서 사는 것이 지혜로운 길이다.

"당랑재후(螳螂在後)"

눈앞의 이익에만 눈이 멀어 뒤에 닥친 위험을 깨닫지 못한다는 뜻의 사자성어이다. 눈앞의 재물과 권력을 탐하지 않는 일이 쉬운 일은 아니지만, 탐욕을 절제하는 것은 마음먹기에 달려 있다.

적당한 욕심으로 삶의 원동력이 되거나 동기부여가 되는 욕심은 필요하지만, 욕심이 과하면 기쁨보다는 불행한 삶이 이어질 수 있으므로 항상 적당한 선에서 내려놓는 지혜가 필요하다.

"내가 죽거든 묻을 때 양손이 누구나 볼 수 있도록 하라."

알렉산더 대왕이 죽으면서 남긴 유언이다. 사람은 죽을 때 누구나 빈손으로 간다는 것을 일깨워 주면서 탐욕을 절제하라는 의미를 담고 있다. 부귀영화도 영원하지 않다. 아무리 탐욕이 난무하는 세상일지라도 항상 자신의 본분을 지키면서 욕망을 자제하고 청렴한 삶을 살아가는 것이 군자의 길 아니겠는가?

자랑보다 겸손을 선택하라

"자벌자무공(自伐者無功) 자긍자부장(自矜者不長)"

노자의 말로, 자신을 스스로 자랑하는 자는 그 공로를 인정받지 못하고, 자신을 스스로 으스대는 자는 오래가지 못한다는 뜻이다.

대부분의 사람들은 자랑에 대한 욕구가 절제의 욕구보다 강하다. 그래서 사소한 것부터 큰일까지 자랑하는 데 여념이 없다. 그러나 인생을 살아가면서 자랑은 하는 것보다 하지 않는 것이 더 좋은 결과를 가져오는 경우가 많다. 친구든, 친척이든, 회사 동료든 누구를 막론하고 자랑하는 것은 절제하도록 노력하여야 한다.

그렇다면 자랑하지 말아야 할 현명한 처세에는 어떤 것이 있을까?

– 돈 자랑하지 말라.

– 재산 자랑하지 말라.

– 자식 자랑하지 말라.

– 명품 자랑하지 말라.

– 성공에 대해 자랑하지 말라.

– 과거의 업적을 자랑하지 말라.

– 건강을 자랑하지 말라.

위의 7가지 처세에 대하여 자세히 알아보자.

• 돈 자랑하지 말라

돈이 많다고 하여 오만하게 행동하거나 자랑하게 되면, 그렇지 못한 상대방은 열등감을 느낄 수가 있으며 나쁜 사람들로부터 강도나 사기를 당할 우려가 있다. 따라서 돈 자랑은 자신의 마음속으로 하고, 다른 사람이 알지 못하도록 하는 것이 바람직한 처신이다.

정약용 선생은 "언제나 겸손하라."고 했다. 박학다식(博學多識)하거나 지위가 높거나, 재물이 많다 하여 자랑하지 말고 겸손하라는 의미이다.

• 재산 자랑하지 말라

주식이나 부동산 등이 많다고 과시하거나 자랑하는 것도 재산이 없는 사람들에게는 소외감이나 허탈감을 줄 수 있다. 따라서 가급적 재산에 대해서는 노출시키지 않는 것이 현명한 방법이다. 워런 버핏을 비롯한 대부분의 자수성가한 억만장자는 자신의 재산이나 업적을 자랑하지 않고 재산을 안정적으로 지키면서 공부에 열중한다.

• 자식 자랑하지 말라

자녀나 손자 손녀가 유명 대학에 합격했다고 자랑하게 되면, 그렇지 못한 상대방은 마음에 상처를 받을 수 있다. 따라서 과도한 자랑보다는 그저 운이 좋았다고 겸손한 행동으로 대처해야 좋은 인간관계를 유지할 수 있다. 실제로도 유명 대학에 합격했다고 성공한 것은 아니며, 취업하려면 앞으로 몇 년을 더 공부하고 치열한 경쟁을 이겨 내야 함을 직시하여야 한다.

• 명품 자랑하지 말라

고가의 보석을 비롯하여 명품 가방이나 의류를 자랑하면, 사치가 심하다거나 머리에 든 것도 없으면서 겉멋만 들었다고 비난받게 된다. 따라서 과도하게 명품으로 치장하는 것은 절제하여야 하며, 특히 고위직에 있는 사람이나 가족들은 여론의 화살을 맞을 수 있으므로 특별히 신경 써야 한다. 고위직에 있을수록 청빈한 모습을 보여야 많은 사람으로부터 신뢰와 존경을 받을 수 있음을 명심하자.

• 성공에 대해 자랑하지 말라

사업에서 성공한 것이나 부동산·주식 투자를 통해 큰돈을 번 것에 대해 자랑하게 되면, 그렇지 못한 상대방은 자존심이 상하거나 상대적 박탈감을 느껴 친한 관계가 멀어질 수 있다. 따라서 성공했다고 하여 자랑하지 말고, 매사에 묵묵하게 열심히 일하는 모습을 보여 주는 것이 좋다.

"성공에 대해 요란하게 떠들지 말라.
진정한 신념을 지닌 사람은 자랑하지 않는다."

작가 월러스 워틀스는 《소중한 나를 부자로 만들어 주는 지혜》에서 이같이 말했다. 두렵고 불안한 사람은 과시하고 자랑하지만, 진정으로 성공한 사람은 자랑하지 않는다는 의미이다.

성공한 사람이라면 현실에 안주하지 말고 더 큰 성공을 위하여 묵묵히 노력하는 자세가 필요하다. 이는 성공하지 못한 사람들에게는 본보기가 되고 용기를 북돋아 주게 된다.

· 과거의 업적을 자랑하지 말라

과거의 일을 자랑하는 것은 상대방에게 오히려 지루하게 느껴질 수 있다. 과거 일을 자주 들추어내며 자신을 자랑하는 것은 한 번으로 족하다.

경기나 대회처럼 실력과 재능을 발휘해야 하는 자리에서는 최선을 다하는 것이 필요하다. 그러나 재산이나 자녀, 명품과 같은 개인적인 영역을 과도하게 자랑하면, 수십 년간 쌓아 온 인간관계가 한순간에 나빠질 수 있다. 자랑할 일과 자랑하지 말아야 할 것을 구별하여 처신하도록 유의하여야 한다.

• 건강을 자랑하지 말라

지금 건강하다고 교만하게 행동하면 병든 후에 후회한다. 건강은 건강할 때 지키라는 말이 있듯이, 건강은 항상 꾸준히 관리하여야 한다.

"어리석은 사람은 밖으로 드러나 보이는 자신의 외모를 자랑하지만, 지혜로운 사람은 본성에 더욱 신경을 쓴다."

철학자 발타사르 그라시안이 한 말이다. 어리석은 사람은 자랑하기 위해 외모에 많은 신경을 쓰지만, 지혜로운 사람은 결코 밖으로 드러내지 않고 묵묵히 자기 할 일을 열심히 한다는 의미이다. 부자가 아닌 자는 약간의 자랑거리만 있어도 자랑하지만, 진짜 부자는 결코 자신을 자랑하지 않는 지혜를 가지고 있다.

사람은 상대방이 성공했다고 자랑하게 되면 부러워하거나 존경하기보다는 증오하거나 질투하는 것이 인간의 심리이다. 그러므로 확고한 신념으로 무장하여, 마음속으로만 행복함을 간직하도록 노력하고 항상 겸손하여야 한다.

"겸양지덕(謙讓之德)"

겸손한 태도로 남에게 양보하거나 사양하는 아름다운 마음씨나 행동을 의미한다. 존경받으려면 항상 겸손하여야 한다. 정주영 현대그룹 전 CEO는 목에 칼이 들어와도 5가지를 자랑하지 말라고 했다. 그 5가지는 돈, 건강, 자식, 인맥, 무용담이다.

부와 명성을 오래도록 지키는 방법은 겸손이다. 지혜로운 사람은 자신을 자랑하지 않는다는 점을 깨닫고, 항상 겸손한 태도를 가지기 바란다.

신용을 잃으면 모든 것을 잃는다

"신용을 잃는 것은 돈 잃는 것보다 훨씬 더 큰 손해다."

벤저민 프랭클린이 한 말로, 신용이 돈보다 중요하다는 의미이다.

예로부터 출세하고 성공하는 입신양명(立身揚名)의 기본 덕목은 신용과 약속을 지키는 것이라고 했다. 신용은 인간관계와 성공의 기초가 되는 중요한 덕목 중의 하나라는 의미이다.

지금은 신용이 없으면 살아갈 수 없는 시대이다. 신용점수가 낮으면 카드와 대출에도 제한을 받고 여러 가지 불이익을 받는다. 개인 간에도 신용은 좋은 인간관계를 유지하는 데 매우 중요하다. 약속하면 철저히 지켜야 신뢰가 쌓이고 더 좋은 관계로 발전시킬 수 있다.

빌 게이츠가 직원들에게 가장 많이 강조한 말이 신용이며, 마이크로소프트 기업 이념도 '정직과 신용'이다. 아무리 기술력이 뛰어나도 고객으로부터 신뢰를 얻지 못하면 무한 경쟁 시대에 살아남을 수 없기 때문이다.

유대인들은 신용을 매우 중요시한다. 비즈니스의 생명은 신용에 있다고 믿으며, 신용을 잃으면 모든 것을 잃는 것과 같다고 생각한다.

필자도 약속을 하면 반드시 10분이나 20분 전에 도착하는 습관을 가지고 있다. 일찍 도착하면 기다리는 시간 동안 책을 읽으면 자투리 시간을 유용하게 사용할 수 있으며 상대방에게도 믿음을 줄 수 있으므로 오래도록 좋은 관계를 형성하는 방법이 된다.

약속 시간을 잘 지키는 사람이 어떤 일을 맡겨도 잘 해내는 경우가 많다. 훌륭한 인성이 몸에 배어 있기 때문이다. 회사에서 S 직원은 아침 미팅 시간에 한 번도 지각한 적이 없으며, 업무도 다른 직원보다 뛰어나게 잘한다. 믿음이 가는 직원이며, 여러 사람으로부터 좋은 평판을 받고 있다. 이런 직원이 승승장구하는 것이다.

직장에는 주어진 임무나 프로젝트를 기한 내에 수단과 방법을 가리지 않고 완료하는 직원이 있는가 하면, 기한을 넘기고도 임무를 제대로 완료하지 못하는 직원이 있다. 조직에서는 결국 정해진 기간 내에 임무를 잘 수행한 직원이 신뢰와 좋은 평가를 받게 된다.

신용은 직장에서뿐만 아니라 친구나 이성, 가족, 거래처 등 어떤 관계에서든 매우 중요한 요소이다. 한번 신뢰가 깨지면 다시 원상 회복하는 데는 상당한 어려움이 있으므로 평소 신뢰가 깨지지 않도록 철저히 관리하여야 한다.

기업이나 국가도 신용을 지키는 일은 매우 중요한 요소이다. K-방산이 세계적인 지위로 크게 성장할 수 있는 계기는 성능도 우수하지만, 무엇보다 신용을 생명처럼 여겼기 때문이다.

"무신불립(無信不立)"

《논어》〈안연편〉에 나오는 말로, 믿음이 없으면 설 수 없다는 의미이다. 신뢰가 인간관계와 조직, 국가의 존립에 있어서 매우 중요함을 강조하는 말이다.

신용으로 천하를 누빌 수 있다는 말이 있다. 신용을 잘 지키는 사람은 항상 믿음이 가고 친근감이 생겨 신임을 얻을 수 있고, 그만큼 더 발전하고 성장할 수 있다.

신뢰를 얻고 좋은 평가를 받고 싶다면, 사소한 약속이라도 반드시 지키고 믿음을 주는 존재가 되어라. 이것이 당신을 더욱더 빛나게 하는 처세이며, 성공적인 삶을 이끄는 중요한 자본이 될 테니 말이다.

3부

탁월한 역량으로 승부하라

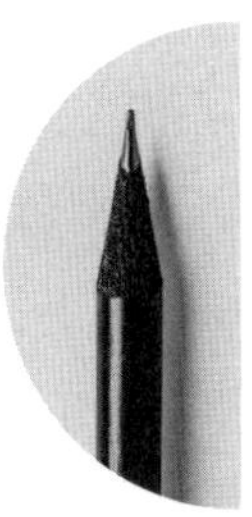

"한 가지 뜻을 세우고 그 길로 가라.
잘못도 있으리라. 실패도 있으리라.
그러나 다시 일어나서 앞으로 나아가라.
반드시 빛이 그대를 맞이할 것이다."

칸트

평범함으로는 성공할 수 없다

4차 산업 혁명 시대와 더불어 본격적인 AI 시대가 열리면서 기존 직업은 빠르게 소멸되어 가고 있다. 단순 반복 업무는 인공지능과 자동화 기술로 대체되고, AI가 할 수 없는 창의적이고 전략적인 분야는 더욱 가치가 높아지고 있다.

최근 글로벌 빅테크 기업 중 마이크로소프트, 엔비디아, 아마존, 구글, 애플, 메타 등에서 스타트업·자율주행·헬스케어·클라우드·피지컬·뷰티 등 다양한 영역에 집중 투자하고 확산·발전시켜 나가고 있다. 어떤 분야든 AI 없이 발전하기 어려운 세상이 되었다.

앞으로 유망 업종을 살펴보면 로보틱스, 데이터, 클라우드, 보안, 헬스 케어, 디지털 콘텐츠, ESG 등으로 분류할 수 있다. 과거에는 기술 자체를 다루는 능력만 있으면 우대받는 시대였지만, 지금은 단순 반복적인 직업은 AI로 인하여 지속적으로 대체되어 가고 있기 때문에 변화를 수용하고 관점을 바꿔야 한다.

평생직장 시대도 사라진 지 오래다. 하루가 다르게 변화하는 AI 시대에 살아남기 위해서는 자신만의 차별화된 무기를 가져야 한다. 즉, 누구도 대체할 수 없는 역량을 갖추어야 한다.

"낭중지추(囊中之錐)"

재능이 뛰어난 사람은 숨어 있어도 저절로 세상에 알려진다는 의미이다. 이 말은 중국 전국 시대 조나라의 평원군이 초나라에 청원군을 청하러 갈 때, 유능한 인재를 선발하는 과정에서 모수라는 인물이 자신을 추천하며 "주머니 속의 송곳은 끝이 저절로 드러나듯, 재능이 뛰어난 사람은 숨어 있어도 남의 눈에 띈다."라고 한 데서 유래되었다.

아무리 감추려 해도 뛰어난 능력이나 재능은 제갈량처럼 자연스럽게 세상에 알려지기 마련이다. 직장인이든, 사업가든, 스포츠 선수든, 예술인이든 탁월한 능력을 갖추게 되면 언젠가는 빛을 발하게 된다.

제갈량을 얻기 위해 유비가 삼고초려할 정도로 정성을 다했던 것은 재능과 지략이 제갈량만큼 뛰어난 인물을 찾을 수 없었기 때문이다. 실력만 있으면 언제든 좋은 대우를 받으면서 좋은 위치에 영입될 수 있으므로, 현재 자신이 어떤 위치에 있든 누구도 대체할 수 없는 탁월한 실력을 갖추어야 한다.

청나라 5대 황제 옹정제는 60세가 된 텐윈징의 재능을 알아보고, 30년간 이름 없었던 그를 10년 넘게 총리의 비서와 순무(지방을 순찰하는 관리), 총독 등 고위직에 중용하였다.

세종대왕 역시 이예의 뛰어난 외교 능력을 알아보고 그를 중용하였다. 이예는 일본과 유구국의 통신사로 활동하며 약 150년간 왜구의 침입을 막는 데 기여하는 외교적 기반을 마련하였다.

회사에도 차장 직위의 엔지니어로 근무하면서 능력이 우수하다는 평판을 얻어 더 큰 회사에 공장장급으로 스카우트되는 간부가 있다. 그는 업계에서 실력 있는 존재로 정평이 나 있었기에 가만히 있어도 여기저기서 더 좋은 혜택을 주겠다며 영입 경쟁을 벌일 정도였다.

고위직으로 임명되는 것도 마찬가지로 능력이 뛰어나고 훌륭한 인성을 갖추게 되면 자연히 추천되는 것이며 출세의 길이 열리게 된다.

모름지기 지금은 평범함으로는 성공하기가 힘든 세상이다. 스포츠 선수든, 직장인이든, 예술가든, 그 어떤 분야든 군계일학이나 백미(白眉: 뛰어난 인물)라는 말처럼 최고의 존재가 되어야 살아남는다는 사실을 직시하고 나의 가치와 역량을 높이는 데 전력투구하라.

나를 세상에 알리는 법

지금은 브랜드 시대이다. 나의 개성, 나의 강점, 나의 전문성을 하나로 묶어 세상 사람들에게 많이 알림으로써 나의 브랜드가 만들어지는 것이다.

무한 경쟁 시대에는 다른 사람과 차별화되는 독창적인 스토리를 하나로 묶어 브랜드로 만들어야 경쟁력을 높일 수 있다. 자신이 아무리 능력이 출중하고 실력이 있다고 해도 세상이 알아주지 않으면 아무 소용이 없는 것이다.

브랜드 시대에 성공을 이루려면 나 자신의 독특한 가치를 하나의 브랜드로 만들어야 한다. 나를 빛나게 하는 브랜드는 무엇인가? 자기 자신에게 내재되어 있는 특기나 스타일, 경험, 강점 등을 찾아내어 누구도 따라 할 수 없는 키워드를 만들어야 성공할 수 있다.

김병완 칼리지 대표는 3년간 책을 만 권 읽고 10년간 100권의 책을 썼으며 책 쓰기 강사와 기업체, 관공서 등에 초청 강사로 활동하고 있다. 지금까지 1,000여 명의 작가를 배출시켰으며 500명의 베스트셀러 작가를 배출하기도 했다. 그의 브랜드는 책 쓰기와 퀀텀 독서법이며, 이 분야의 최고 권위자로 활동하고 있다.

공병호 박사는 공병호 연구소를 운영하는 1인기업가다. 그는 초중고생과 일반인을 상대로 공병호 자기경영 아카데미를 운영하고 있다. 작가, 강연가, 변화관리 및 경제경영 전문가로서 자신을 브랜드화시키는 데 성공하여 연간 300회 이상 강연을 다니고, 공병호 TV를 운영하는 등 다양한 콘텐츠를 개발하여 활발한 활동을 전개하고 있다.

회사에서 B 과장은 프레젠테이션의 달인이다. 그는 모든 행사의 준비 책임자이면서 익년도 사업 계획이나 매출 실적을 발표하는 데 있어서 조금도 실수 없이 완벽하게, 긴장하지 않고 능수능란하게 진행한다. 그 결과 '프레젠테이션의 달인'이라는 강력한 브랜드를 구축하게 되었다.

필자는 인사 업무를 많이 했지만, 전공 분야인 조경 분야에 강점이 있다. 조경 기사 자격증을 소유하고 조경회사에서 카페나 레스토랑, 전원주택 등 여러 곳에서 연못 조경을 시행하면서 경력을 쌓은 덕에 이 분야에 강점이 있다.

대부분 외곽에 있는 카페나 레스토랑, 전원주택은 대지가 150평 이상 된다. 이런 장소에 가장 핵심적인 조경 시설은 연못과 분수

시설이다. 이러한 특화된 역량을 갖추는 것도 개인의 강력한 브랜드가 되는 것이다.

필자의 지인 중 한 사람은 조경석 쌓는 데 일인자라 할 만큼 실력이 뛰어나다. 그의 브랜드는 조경석 쌓는 일이다. 또 다른 조경 전공 출신 친구 한 사람은 조경수 관리 전문가다. 그 역시 자신만의 특화된 역량을 통해 뚜렷한 전문성을 인정받고 있다.

보통 잔디를 비롯하여 주목, 향나무 등의 나무는 1년에 한 번씩 전정하여야 웃자람을 방지하고 아름답게 가꿀 수 있다. 주목이나 팽나무, 향나무 등은 오래된 것은 억대가 넘는다. 이런 정원수를 일반인이 관리하기 쉽지 않다. 그는 고급 전원주택에 출장을 다니면서 정원수를 관리해 주고 있다. 그는 정원수 전정 전문가이다. 정원수 전정 기술이 그의 브랜드이다.

그렇다면 나 자신을 브랜드화시키는 방법에는 어떠한 것들이 있을까?

• 나의 차별화된 가치를 찾아라

기업들도 대표 브랜드가 있다. 애플의 아이폰 시리즈, 삼성의 갤럭시 시리즈, 나이키의 에어포스 시리즈, 유한킴벌리의 크리넥스,

동아제약의 박카스, 동화약품의 가스 활명수, 아모레의 설화수, 농심의 신라면, 삼양식품의 불닭볶음면, 대상의 종가집 김치 등 이름만 들어도 잘 아는 대표 브랜드이다.

"유행은 변하지만 스타일은 영원하다."

코코 샤넬은 남을 따라가는 유행이 아니라, 자신만의 스타일을 통해 브랜드를 구축해야 한다고 강조했다. 개인도 코코 샤넬처럼 자신의 브랜드를 만들고 알려야 성공하는 시대가 되었다. 브랜드 파워가 성공의 토대가 된다는 의미이다. 개인이 브랜딩하기 위해서는 먼저 자신의 독특한 가치를 찾아내거나 강점을 부각시킬 수 있는 키워드를 하나 만들어야 한다.

대부분의 사람은 유명한 사람들만 브랜드가 필요하다고 생각한다. 하지만 지금은 성공하기 위해서는 누구나 자신을 브랜드화할 수 있어야 한다. 예를 들면 자기 계발 권위자 브라이언 트레이시는 1회 강연료가 억대인 최고 강연가로 자신을 브랜드딩화했고, 조앤 케이 롤링은 《해리포터》를 집필하여 대작을 남김으로써 자신을 최고의 아동문학 작가로 브랜드화시켰다.

강연이면 강연, 음악이면 음악, 그림이면 그림, 장구면 장구, 공예면 공예, 서예면 서예, 피아노면 피아노, 마술이면 마술, 어떤 기술이든 자신에게 잠재된 소질이나 전문성을 찾아서 브랜드화시키고 발전시켜 나가야 성공할 수 있다.

• 온라인 플랫폼과 강연을 통하여 나를 알려라

유미카 브랜드로 유명한 이유미 대표는 유튜브 채널을 운영하면서 중고차와 꽃 배달 사업을 하고 있다. 그는 탈북민을 초청하여 유튜브 방송을 가장 활발하게 하고 있으며, 현재 70만 명에 가까운 구독자를 보유하고 있다.

국내에서도 많은 사람이 블로그나 인스타그램, 유튜브 등을 통해 자신을 브랜드화시키고 있다. SNS를 통하여 자신을 알리는 것은 하나의 콘텐츠이다. 음악을 비롯하여, 애니메이션, 글쓰기, 강연, 요리, 먹방, 기부, 여행, 탈북 스토리 등 다양한 분야에 많은 사람이 참여하고 있다. 이러한 콘텐츠는 구독자가 많을수록 인기가 높아지면서 자신을 브랜드화하는 좋은 방법이다.

강연이나 세미나 등도 나를 일릴 수 있는 좋은 수단이 된다. 김창옥 강사는 수십 번의 방송 출연과 수백 번의 강연을 통해 자신을 유명 소통전문가로 브랜드화시켰다.

• 꾸준히 소통하라

어떤 매체든 꾸준히 활동하고 진실성을 가지고 소통하여야 한다. 유튜브나 블로그를 통하여 자신과 독자들에게 공유하고 소통하다가 어느 날 갑자기 사라지게 된다든지 오랫동안 중단하게 되면, 많은 독자가 사라지게 되고 대중으로부터 신뢰와 인기를 유지할 수 없게 되므로 꾸준히 활동하는 것이 무엇보다 중요하다는 점을 잊어서는 안 된다.

• 나의 대표 브랜드를 만들어라

개인에게도 대표 브랜드가 있어야 경쟁력이 있는 세상이다. 남들을 따라 하거나 비슷한 수준의 실력으로는 경쟁력이 없게 되어 브랜드 이미지가 약할 수밖에 없다. 브랜드가 약하면 그만큼 신뢰도나 가치가 떨어진다는 의미이다.

새로운 방식, 참신한 기술, 누구나 할 수 없는 탁월한 실력 등과 같이 차별화되고 전문성이 높은 자신의 대표 브랜드를 만들어야 경쟁 사회에서 살아남을 수 있다.

유명 회사나, 금융계통, 서비스 분야, 공공 기관 등에서 오래 근무한 후 조직을 떠나면 차별화된 전문성을 가져야 자신의 브랜드로 연결시켜 제2의 직업을 마련하는 데 어려움이 없게 된다. 만일 이때 뚜렷한 자기 브랜드가 없다면 재취업에 어려움이 생긴다.

"일기당천(一騎當千)"

한 사람이 천 명을 상대할 수 있을 만큼 뛰어난 역량을 지녔다는 뜻으로, 한 분야에서 압도적인 경쟁력을 갖춘 개인의 가치를 비유한다.

미래는 AI가 많은 일자리를 대신할 가능성이 높다. AI 시대에는 자신만의 독특함을 가져야 성공한다. "나의 브랜드는 무엇인가?"라는 질문에 바로 답할 수 있는 강점이 있어야 하고, 다른 사람이 '달인'이라고 불러 줄 만큼의 실력을 갖추고 브랜드 파워를 키워 나가야 성공할 수 있다.

자신에게 강력한 브랜드가 있다면 이것은 커뮤니티에서 빠른 속도로 이름을 알리는 수단이 되고, 자신의 주가를 높이는 계기가 된다. 자신의 강점, 독창적인 기술을 개발하는 데 최선을 다해야 하는 이유다.

평범함만으로는 이길 수 없다. 차별화되고 강력한 브랜드가 당신을 성공으로 이끈다. 자, 이제 당신의 차례다. 당신의 브랜드를 내어놓아라, 이 세상에!

일을 사랑할수록 성공은 커진다

"내가 만든 제품을 끌어안고 싶다."

살아 있는 경영의 신으로 불리는 이나모리 가즈오 전 CEO는 《왜 일하는가?》에서 이같이 말했다. 자신이 하는 일과 자신이 만든 제품에 그만큼 애정을 갖지 않으면 결코 만족할 만한 결과를 낼 수 없다는 뜻이다.

엔지니어 출신인 그가 27세에 자본금 3천만 원으로 교토 세라믹을 창업해 연 매출 16조 원, 종업원 7만 명 규모의 글로벌 기업으로 성장시킨 원동력은 제품을 끌어안고 잠들 만큼의 애정을 쏟았기 때문이다.

대부분의 사람들은 맡은 일에 대하여 좋아서 하는 것보다 먹고살기 위해서 어쩔 수 없이 한다고 말한다. 물론 먹고살기 위해 일을 한다는 것이 틀린 말은 아니다. 하지만 단순히 생계를 위해 일을 한다면 발전이 없는 것이며, 일에 대한 열정과 애정 없이 일하는 것이다.

사회 초년생일수록, 젊은 사람일수록 뚜렷한 목적의식을 가지고 맡은 일에 대하여 열정과 애정을 불태워야 한다. 매사에 열정을 가지고 적극적인 사람은 승진을 잘하거나 더 큰 회사에 스카우트되어 많은 혜택을 받는 기회를 얻기도 한다.

필자가 몸담았던 전 회사에서 근무하던 J 차장은 사내에서 자타가 인정하는 뛰어난 엔지니어였다. 그는 항상 일에 대한 애정을 가지고 공부하고 연구하는 모범 직원으로, 누구보다 열심히 근무하여 임원들로부터 많은 칭송을 받았다. 그 결과 진급도 다른 동료보다 빨리하였을 뿐 아니라, 동종 업계에서 더 좋은 대우를 받으며 임원으로 스카우트되었다.

협력업체인 H 제약회사에 근무하던 W 본부장도 주인의식과 탁월한 리더십을 발휘하여 본부장에서 부사장으로 승승장구하였다. 이를 분석해 보면, 성공한 직원의 공통점은 적극적이며 일을 함에 있어서 열정과 애정을 가지고 열심히 일한다는 것이다.

"자신이 사랑하는 일을 할 때, 혹은 자신이 사랑하는 사람을 위해 일할 때 사람은 가장 능률적이고 빠른 속도로 성공의 기반을 마련한다. 아무리 힘든 일이라 할지라도 사랑이라는 요소를 첨가하면 그 일의 가치를 크게 높이고 힘든 내색 없이 훌륭한 결과를 얻을 수 있다."

나폴레온 힐은 《성공의 법칙》에서 이같이 말했다. 일을 사랑하게 되면 아무리 어려운 일이라도 불평하지 않고 빠르게 성취하는 힘이 생긴다는 의미이다.

일을 사랑해야 한다는 것은 운동선수는 운동을 좋아해야 하며, 사업을 하는 사람은 사업에 대한 열정을 가져야 하고, 학문을 하는 사람은 학문을 배우고 연구하는 데 애정을 가져야 하며, 예술을 하는 사람이면 예술에 심취해야 하는 것을 뜻한다.

회사에서도 일을 함에 있어서 조금이나마 편하려고 잔꾀를 부려 동료들에게 피해를 주는 직원이 있는가 하면, 매사에 긍정적인 자세로 자기 일에 대한 애착심을 가지고 다른 직원들로부터 칭찬을 받으며 일하는 직원이 있다.

어떠한 일이든, 어떠한 임무든 한 가지 일을 잘하는 사람은 다른 일을 맡기더라도 역시 일을 잘 처리하는 경우가 많다. 이는 능력의 문제가 아니라 일을 대하는 태도의 차이에서 비롯된다. 자신의 일에 애착을 가지고 성실하게 임하는 사람은 자연스럽게 경험과 실력이 쌓이고, 그 결과는 성과로 이어진다. 결국 일을 사랑하며 몰입한 만큼, 성공은 뒤따라오게 마련이다.

회사에 1년 근무 후 권고사직을 당한 C 직원은 자신의 맡은 일에 대하여 열의도 없고 성의 없이 하면서 실수도 여러 번 하여 질책을 몇 번 받고 부서 이동도 당했지만, 여전히 개선의 의지가 없어 결국 퇴출당했다. 일에 대하여 열정과 의욕이 없는 직원은 결코 좋은 평가를 받을 수 없는 것이다.

어떠한 일을 하든 자기 일을 좋아해야 한다. 좋아하는 일을 하는 것보다 더 중요한 일은 없다. 하기 싫은 일을 억지로 하게 되면 능률도 오르지 않고 발전도 없게 되므로 항상 자신이 맡은 일에 대하여 애정과 열정을 가져야 한다.

일을 좋아하기 위해서는 마음가짐이 무엇보다 중요하다. 필자는 맡은 일 앞에서 항상 다음과 같은 다짐을 되새긴다.

- 나는 오늘 맡은 임무를 완벽하게 수행하겠다.
- 나는 칭찬 받을 수 있도록 최고의 성과를 이루겠다.
- 나는 누구도 대체할 수 없는 존재가 되겠다.
- 나는 내가 맡은 일을 사랑하겠다.
- 나는 오늘도 일할 수 있음에 감사하는 마음을 갖겠다.

긍정적이고 발전적인 마음가짐을 가지면 열정이 생기고 노하우도 축적되면서 자신도 한층 더 성장해 나갈 수 있다. 작은 부분이라도 열정과 애정을 갖지 않으면 일의 능률도 오르지 않을뿐더러 성과도 제대로 이루어 내지 못하고 항상 하류 인생을 살아갈 수밖에 없게 된다.

"자신이 하는 모든 일을 사랑하라.
그렇지 않으면 영원히 성공할 수 없다."

철강왕 카네기의 말이다. 일을 사랑해야 어떤 일이든 성공할 수
있다는 의미이다.

자신이 좋아하는 일에 집중할 때 느끼는 기쁨과 행복은 그 무엇
과도 비교할 수 없다. 목표를 달성하고 성공을 이루려면 수많은 실
패와 시련이 닥쳐올 것이다. 그때마다 마음속으로 '나는 일을 사랑
하겠다.'라고 다짐해 보라. 그 마음가짐에 성공의 길이 다가오리
라. 틀림없이….

CEO의 마음가짐으로 일하라

일을 함에 있어서 긍정적이고 적극적인 마음가짐으로 임해야 자신과 회사가 발전한다. 모든 일을 자신의 일처럼 물자를 절약하고 시스템을 개선하여 원가절감에 힘쓰며 생산성 향상에 노력하는 직원이 있는가 하면, 소극적이고 부정적인 사고로 시간만 때우는 직원도 있다.

회사에서 승승장구하는 직원을 보면, 일찍 출근하여 공부하고 책임감과 적극적인 사고방식을 지니고 열심히 노력한다. 모든 것은 마음 자세에 달려 있다. 가장 중요한 것은 사원의 마인드를 사장의 마인드로 얼마나 바꿀 수 있는가에 달려 있다.

경영주는 회사가 흑자가 나든 적자가 나든 매월 월급을 지급하여야 하며, 때가 되면 조세 공과금도 어김없이 납부하여야 한다. 매월 큰 이익을 내는 회사는 관계없겠지만, 그렇지 않은 회사는 많은 부담을 안고 경영을 할 수밖에 없다.

그러므로 직원은 회사에 불만을 제기하기에 앞서 자신이 회사 발전을 위해서 무엇을 했는가를 생각해야 한다. 회사에 근무하면서 자신과 회사가 발전할 수 있는 방법을 제시해 보면 다음과 같다.

- CEO의 마음 자세로 적극적으로 일하라.
- 물자를 절약하라.
- 혁신하라.
- 탁월한 전문성을 갖추어라.
- 협업하라.

위의 5가지 방법에 대해 차례대로 자세히 살펴보자.

• CEO의 마음 자세로 적극적으로 일하라

많은 사람이 정시에 출근하고 정시에 퇴근하는 경우가 많은 것이 현실이다. 직장인이 좋은 평판을 얻으려면 남다른 노력이 필요하다. 필자는 일찍 출근하여 독서 후 항상 회사를 돌아보며 안전에 이상이 없는지 확인한다.

오늘도 안전한 하루가 될 수 있도록 개선할 점과 미비한 점을 메모하여 관련 부서와 협의하고 발전시켜 나간다. 어떤 일을 하든 회사에 몸담고 있는 이상 내가 주인이라는 마음가짐으로 긍정적이고 적극적인 자세로 임하여야 발전이 있다.

매사에 소극적이고 망설이고, 불평하고, 우유부단한 습관은 자신의 발전에 가장 큰 장벽이 된다. 이러한 소심하고 소극적인 습관을 하루빨리 고쳐야 성공으로 가는 길이 가까워진다는 사실을 명심하여야 한다.

• 물자를 절약하라

회사에서 절약하는 습관은 매우 중요하다. 경영주는 한 푼이라도 절약하여 자동화 시스템 도입, 연구 개발 등에 지속적으로 비용을 투자해서 회사를 성장시키기 위하여 밤낮없이 노력한다. 그런데 직원들이 마치 남의 일처럼 물자 절약을 하지 않고 낭비한다면 회사는 발전할 수 없다. 점심시간에 컴퓨터 *끄기*를 비롯하여 전등 *끄기*, 재활용품 분리수거하기, 소모품 아껴 쓰기 등 물자 절약에 솔선수범하라.

빌 게이츠의 경영 철학은 '끊임없는 자기 혁신'이다. 그는 직원들에게 지속적으로 자기 변화를 주문한다. 그런 덕에 마이크로소프트는 해마다 새로운 제품을 개발하여 국제 시장을 석권하며 천문학적인 돈을 긁어모았다.

농심의 신라면이 케더헌(Kedehun) 디자인으로 선풍적인 인기를 누리고 있는 것은 변화하고 혁신해야 경쟁에서 이길 수 있다는 훌륭한 마케팅 전략 때문이다.

"과거와 현재를 부정할 때 더 나은 미래가 온다."

베이징대학교 디테일 경영연구센터장 왕중추가 《퍼펙트 워크》에서 한 말이다. 비판하고 변화시켜야 더 성장하는 계기가 되고 발전할 수 있다는 의미이다.

회사에서도 매월 참신한 제안제도를 접수받아 좋은 아이디어를 착안한 직원들에게 포상을 하고 있다. 개발하고 개선하는 것은 원가를 절감하고 생산성을 향상시키는 좋은 방법이므로 항상 개선하고 혁신하는 데 노력을 기울여야 한다.

고속도로의 인터체인지 부근에 가면 진입로별 색깔을 다르게 도색해서 운전자들이 쉽게 진입로를 구별하도록 한 것을 볼 수 있는 데, 이는 어느 공무원의 혁신적인 아이디어에서 비롯되었다고 한다. 이런 좋은 아이디어 하나가 많은 사고를 예방하는 계기가 된다. 언제 어디서나 개선하고 혁신하는 데 소홀하지 말아야 하는 이유다.

• 탁월한 전문성을 갖추어라

어느 조직에서 일을 하든 자신이 맡은 업무에 대해서는 탁월한 역량을 갖추어야 좋은 평판을 얻을 수 있다. 상급자나 경영주가 어떠한 질문을 하였을 때 즉시 대답할 정도의 실력을 갖추어야 한다는 뜻이다.

필자는 외울 수 없을 정도로 분량이 많은 업무 내용은 항상 프린트하여 다이어리 속에 부착하여 지니고 다닌다. 그래서 누가 질문을 하더라도 즉시 펼쳐서 답변하도록 관리하고 있다.

군에서도 잘하는 사람은 핵심 보직인 작전 분야에 배치시키는 것이 관례이듯, 어떤 조직이든 능력이 뛰어난 사람은 빨리 승진하고 조직을 총괄할 수 있는 책임자로 선임된다. 따라서 차별화되고 전문성을 갖추는 데 전력투구하여야 한다.

• 협업하라

어떤 일을 하든 혼자서는 성공할 수 없다. 조직원끼리 협력을 한다든지, 동료에게 도움을 받는다든지, 멘토에게 배운다든지 어떤 일이든 성취하려면 협업을 통해 자신의 역량을 키워 나가야 한다.

전쟁터에서도 훌륭한 리더십을 가진 지휘관 아래 전우들이 협력해야 승리할 수 있는 것처럼, 직장에서도 이기적으로 행동하는 것보다 서로 배려하면서 협력할 줄 알아야 한다. 그래야 좋은 평판과 함께 목표를 달성하고 좋은 성과를 이루어 낼 수 있는 것이다.

"동주공제(同舟共濟)"

같은 배를 타고 함께 강을 건넌다는 뜻으로, 회사와 직원은 운명 공동체로서 동주공제의 관계다. 한쪽만 잘해서는 배가 앞으로 나아갈 수 없다.

기업을 경영하는 경영주는 매출을 비롯하여 원자재, 인력 고용, 기계 설비, 안전사고, 상품 개발, 재정 관리, 대외 업무 등 한시도 마음을 놓을 수 없는 수많은 과제를 안고 살아간다. 그렇기에 모든 조직원은 직장에 들어서는 순간, 이곳을 '나의 일터, 나의 회사'라는 마음가짐으로 헌신하여야 회사와 개인이 동반 성장할 수 있다.

오늘 하루도 일자리를 구하지 못해 수십만 명의 청년들이 집에서

허송세월하고 있다. 대기업이든 중소기업이든, 직장이 있다는 것
에 감사하며, 자신의 역량을 키워 나가는 데 집중하라. '내가 CEO
다!'라는 마음가짐으로….

프레젠테이션은 최고의 무기다

"깔끔한 이미지와 명쾌한 설명으로 이뤄진 예술 같은 프레젠테이션 이다."

전문가들의 극찬을 받은 프레젠테이션(Presentation)의 달인, 스티브 잡스다. 그는 최고의 기업가이자 혁신의 아이콘으로 알려져 있지만, 동시에 탁월한 프레젠테이션 능력을 갖춘 인물이기도 했다.

그는 프레젠테이션을 잘하는 비법으로 철저한 준비와 열정, 그리고 자신감을 꼽았다. 그의 발표는 단순히 제품을 소개하는 데 그치지 않고, 청중이 그의 비전에 깊이 공감하도록 이끌었다. 유머와 때로는 예상치 못한 행동으로 분위기를 환기시키며 청중을 사로잡는 기술이 탁월하다.

특히 청중이 가장 이해하기 쉬운 화법으로 소통하며 이야기를 펼치기 때문에 최고의 프레젠터로 평가받았던 것이다.

회사든 공공 기관이든, 강연회장이든, 대회장이든, 교육장이든 프레젠테이션을 잘하는 사람이 인기도 높고 좋은 평가를 받을 수 있다. 프레젠테이션 잘하는 방법을 알아보면, 다음과 같이 요약할 수 있다.

- 완벽한 준비를 하라.
- 충분한 리허설을 하라.
- 청중을 압도하라.
- 열정을 가져라.
- 자신감을 가져라.
- 핵심을 전달하라.
- 청중의 마음을 사로잡아라.

위의 7가지 방법에 대해 차례대로 자세히 살펴보자.

• 완벽한 준비를 하라

실수하지 않고 성공적인 발표를 하기 위해서는 매뉴얼에 따라 체크 리스트를 작성하여 돌발 상황까지 예측하여 철저히 준비하여야 한다. 스크린, 노트북, 레이아웃, PC 버전, 빔프로젝터 등 장비는 기본이며 갑자기 정전되었을 때나, 프레젠터 관련 사고가 발생할 경우 등 모든 것을 디테일하게 준비하여 프레젠테이션 장이 빛나도록 하여야 한다. 준비를 어떻게 하느냐가 성패를 가른다는 점을 명심하여야 한다.

• 충분한 리허설을 하라

실수 없는 무대를 위해서는 노래자랑이나 연극처럼 몇 번씩 리허설을 하여야 한다. 누구든 첫 무대부터 잘할 수는 없다. 실전에 강하기 위해서는 여러 번의 리허설을 통하여 긴장도 완화하고 미비한 부분을 수정하여 완벽해질 때까지 반복 연습하는 것이 최고의 방법이다.

• 청중을 압도하라

청중을 집중시키기 위해서는 경직된 분위기를 연출하는 것보다는 자연스러우면서 유머를 간간이 섞어 흥미를 유발시켜야 한다. 유명 강사나 지도자들이 스피치를 잘하는 데는 온몸을 사용하면서 표정과 몸짓으로 무대를 흥미롭게 만들기 때문이다.

필자는 군에서 학군단 교관을 하면서 장교 후보생을 교육할 때마다 전방 지역에서 근무한 경험담이나 교육기관에서 교육받는 과정 등 다양한 이야기를 들려주고 시작하여 좋은 호평을 받았다.

피교육자 입장에서는 강의자의 경험담은 실질적인 도움이 되고 흥미롭기 때문에 모두가 집중하여 진지하게 듣게 된다. 이러한 방법도 프레젠테이션을 잘하는 비결 중 하나가 된다.

• 열정을 가져라

"스피치의 비결은 첫 번째도 열정, 두 번째도 열정, 세 번째도 열정이다. 열정은 스피치의 생명이다."

영국 구세군 창립자 윌리엄 부스의 말이다. 가슴속에서 우러나오는 열정적인 말이 우리에게 큰 감명을 준다는 의미이다.

열정이 없으면 죽은 식물과 마찬가지이며, 열정이 있어야 청중이 나를 기억하고 환영받을 수 있으므로 항상 애정을 가지고 열중하여야 한다. 발표를 함에 있어서 자신감을 가지고 열정을 보여 줘야 청중들에게 박수받을 수 있는 것이다.

열정은 비단 프레젠테이션에만 한정되는 것이 아니다. 예술가가 열정이 있어야 훌륭한 작품을 만들어 낼 수 있듯 어떠한 분야든 열정이 없으면 성공적으로 해낼 수 없다는 점을 명심하여야 한다.

• 자신감을 가져라

발표를 긴장하지 않고 잘하려면 자신감이 있어야 한다. 자신감을 잃게 되면 의사 전달을 정확하게 할 수 없으므로 항상 자신감을 갖도록 노력하여야 한다. 자신이 없는 이유는 내용에 확신이 없거나 스킬이 부족하기 때문일 것이다. 청중들은 자신감이 없는 사람을 신뢰하지 않는다. 따라서 발표 내용에 대하여 완벽하게 숙지하고 숙달될 때까지 반복 연습하여 용감하게 발표해 보자.

• 핵심을 전달하라

발표하는 사람이 짧은 시간에 많은 것을 하려고 욕심을 부리게 되면 청중들이 지루하게 느낄 수 있으므로 가급적 핵심만을 전하여야 한다.

스티브 잡스가 아이패드 2를 선보였을 때 "더 작고, 가볍고, 빨라졌다."라며 3가지 핵심만을 강조하여 많은 청중에게 큰 호평을 받았다. 또한 오바마 전 미국 대통령은 "변화(Change)"라는 키포인트로 국민을 감동시켜 대통령에 당선되었다. 이처럼 메시지를 전달할 때는 무엇보다 핵심을 분명히 하는 것이 무엇보다 중요하다.

아무리 열심히 연설하여도 핵심 메시지가 없다면, 그 말은 뜻 없는 소리에 불과하다. 청중이 오늘의 스피치를 후회되지 않고 무언가를 배우고 얻어 갈 수 있도록, 누구나 쉽게 이해할 수 있는 핵심 메시지를 여러 번 강조하고 또 강조하라.

• 청중의 마음을 사로잡아라

"프레젠테이션은 꿈을 실현시켜 주는 일이다."

박유진 국내 1호 소비자 언어 전문가는 《사람을 움직이는 말》에서 이같이 밝혔다. 프레젠테이션을 듣는 이유는 프레젠터와 함께하면 내 꿈도 이룰 수 있다는 믿음 때문이므로 누구나 비전과 진정성을 가지고 확신에 찬 모습을 보여 주어야 성공적인 프레젠테이션이 된다는 의미이다.

미국 역사상 첫 흑인 대통령이었던 버락 오바마의 성공 비결 중하나는 사람들의 마음을 사로잡는 스피치 실력이라고 했다. 그가 스피치를 잘하는 것은 상대가 듣고 싶어 하는 것이 무엇인지를 먼저 생각하고, 나도 당신과 생각이 같다는 확신을 주는 데서부터 시작하기 때문이다.

또한 그는 상대의 특성을 제대로 이해한 다음 그의 감성에 호소하고, 간결한 주장과 이를 뒷받침할 수 있는 적절한 근거를 설명하한다. 부정적 메시지도 긍정적으로 표현할 뿐 아니라 절망 앞에서도 희망을 이야기할 수 있는 기술을 갖추고 있다.

한마디로 말하면, 어떠한 상황에서도 꿈을 이룰 수 있는 희망의 메시지를 끌어낼 줄 알기 때문에 그의 스피치에 세계인들이 열광했던 것임을 알 수 있다.

회사에서도 매월 월례 회의를 할 때 매월 두 사람씩 3분 스피치를 하는 시간이 있다. 대다수 원고를 보고 발표를 하라고 해도 큰 부담을 느끼며, 이런 부담 때문에 사직하는 직원들도 보았다.

대중 앞에서 발표한다는 것은 경험이 없는 사람들에게 두려운 일이지만, 용기를 가지고 한두 번 해 보면 경험이 쌓여 자연스럽게 실력이 향상된다. 따라서 처음부터 너무 겁먹을 필요는 없으며, 나를 빛나게 할 좋은 기회라 생각하고 적극적으로 임할 필요가 있다.

지금까지 프레젠테이션을 잘하기 위한 7가지 방법을 알아보았다. 이 중에서 가장 중요한 것은 자신감을 가지고 꾸준히 연습하는 것이다. 수십 번 연습하면 누구나 좋은 결과를 얻을 수 있다. 용기를 가지고 적극적으로 실행하면 큰 보람을 느낄 수 있고, 거기에 탁월한 실력까지 발휘하게 되면 좋은 평판, 더 큰 성공으로 이어진다.

세계 최고의 지식 콘퍼런스 TED 강연으로 일약 스타가 된 《7개의 이름을 가진 소녀》의 저자 이현서 세븐 에셋 대표가 2013년 탈북민이면서 세계적인 무대에서 강연을 성공적으로 수행할 수 있었던 것은 자신감을 가지고 발표 내용을 완벽하게 숙지하고 수십 번씩 연습하였기 때문이다.

작은 발표장이든 어떤 무대든 프레젠테이션의 기회가 있다면 열정과 자신감, 진정성을 가지고 스스로를 빛낼 수 있는 기회의 장으로 만들어 보라. 빛나는 프레젠테이션은 당신의 가치를 높이는 행운의 기회가 될 것이다.

늦어서 못 할 일은 없다

"가장 어두운 밤도 끝나고 태양이 떠오를 것이다."

프랑스 문학을 대표하는 빅토르 위고의 말이다. 위고는 젊은 시절부터 이름을 알렸지만, 인생의 후반부는 결코 평탄하지 않았다. 딸의 죽음, 정치적 망명, 오랜 고독의 시간을 겪으면서도 그는 창작을 멈추지 않았다.

그는 69세에 소설 《93년(Quatrevingt-treize)》(1874)을 집필했고, 말년까지 작품 활동을 이어 갔다. 그의 삶이 말해 주는 것은 하나다. 인생에서 너무 늦은 시기는 없다는 사실이다.

어떠한 일을 하든 늦었다고 생각할 때가 가장 빠른 것이다. 대부분은 공부는 학교 다닐 때만 하면 그만이라고 생각하지만, 공부는 평생 하여야 한다. 공부하지 않으면 뒤떨어지는 세상이기 때문이다.

직장도 정년이 지나더라도 가능하면 연장해서 계속 근무하는 것이 초고령화 시대 건강한 신체를 유지하면서 안정적인 노후를 위한 바람직한 일이다.

괴테는 83세에 《파우스트》를 완성했으며, 슈바이처 박사는 89세까지 수술을 집도했고, 극작가 조지 버나드 쇼는 94세까지 희곡 작품을 발표했다. 현대 경영학의 아버지 피트 드러커는 95세까지 현역으로 활동했다.

"너무 늦은 때란 없어요.
지금이 남은 생에서 가장 젊을 때예요."

화가 안나 모지스의 말이다. 그녀는 76세에 그림을 그리기 시작하여 88세에 '올해의 젊은 여성'으로 선정되었으며, 93세에는 타임지 모델로 표지를 장식했다. 그녀는 101세까지 1,600여 점의 작품을 남기는 등 큰 업적을 이루어 냈다.

《유유자적 100년》 저자 자오무허는 87세에 대학에 입학하여 98세에 석사 학위를 취득했다. 93세에 병원에서 자원봉사를 하였고, 100세에 12세부터 독학으로 배운 서예 작품을 대영 박물관에 소장시켰으며, 101세에는 그동안 모아 온 서예 작품으로 홍콩에서 개인전을 열기도 했다.

필자도 정년이 지났음에도 현역으로 활동하고 있으며, 지금도 본업 외에 매일 책을 읽고 글을 쓰고 있다. 모든 것은 자신이 마음에 달려 있다.

"앞으로 20년 뒤 당신은 한 일보다
하지 않은 일로 인해 더 실망할 것이다.
그러므로 돛 줄을 던져라.
안전한 항구를 떠나 항해하라.
당신의 돛에 무역풍을 가득 담아라.
탐험하라. 꿈꾸라. 발견하라."

《허클베리 핀의 모험》의 저자 마크 트웨인은 이렇게 말했다. 이
런저런 핑계로 도전하지 않고 미루다 보면 20년 뒤에 후회하게 되
므로 실패가 두려워서, 자신감이 없어서 못 한 일을 지금 바로 시
작하라는 의미이다.

너무 늦은 시작이란 없다. 오늘이 당신에게 가장 젊은 날이다.
그 무엇도 아직 늦지 않았다.

필자의 딸들이 밤새워 글 쓰는 나에게 나이도 있는데 이제 그만
써도 되지 않느냐고 묻는다. 그러나 나는 계속하여 도전한다. 내
최고의 작품이 아직 나오지 않았으므로….

리더가 갖추어야 할 핵심 덕목

"도리불언 하자성혜(桃李不言 下自成蹊)"

《사기》〈이광 장군 열전〉에 나오는 말로서 덕이 있는 사람은 스스로 말하지 않아도 사람들이 저절로 따른다는 의미이다.

이광 장군은 '비장군(飛將軍: 날쌔고 용맹한 장군)'이라는 별명까지 얻을 만큼 명성이 높았지만, 어떤 공적도 스스로 자랑하지 않았고 부하에게 인자하며, 백성에게는 신뢰와 존경받는 사람이었다. 말을 앞세우지 않고 오직 행동하는 충직한 사람이다.

모름지기 리더의 위치에 있는 사람들은 항상 많은 사람으로부터 신뢰와 존경을 받을 수 있는 덕을 갖추어야 한다. 예로부터 공평하고 청렴결백한 삶은 관리들이 갖추어야 할 기본 사항이었다. 지도자나 고위직에 있는 사람들일수록 공평과 청렴을 철저히 지켜야 사회가 안정되고 국가 발전을 이룰 수 있음은 부정할 수 없는 사실이다.

그렇다면 리더가 갖추어야 할 덕목에는 어떠한 것들이 있을까?

- 청렴하라.

- 탐욕을 버려라.

- 지혜를 쌓아라.

- 리더십을 길러라.

- 유능한 인재를 등용하라.

- 공명정대하라.

- 격려하고 칭찬하라.

- 책임감을 가져라.

- 변화와 혁신을 주도하라.

위에 열거한 9가지 덕목을 자세히 살펴보면 다음과 같다.

• 청렴하라

"나라를 망하게 하는 것은 외침이 아니라 공직자의 부정부패에 의
한 민심의 이반(離反: 인심이 떠나서 배반함)이다."

다산 정약용 선생의 말이다. 지도자가 청렴하지 못하면 신뢰가

무너질 뿐 아니라 사회 전반에 걸쳐 건강한 문화가 정착되지 못하고, 부정부패가 만연해져 국가 발전에 심각한 영향을 주게 된다. 따라서 항상 청렴결백함을 제1 덕목으로 삼아야 하며, 자신이 청렴하면 다른 사람들도 덕을 쌓고 바른길을 걷게 된다는 것을 잊지 말아야 한다. 청렴은 개인의 미덕을 넘어 사회 전체의 건강과 발전을 위한 필수 덕목이다.

• 탐욕을 버려라

"도량발호(跳梁跋扈)"

권력을 함부로 부린다는 의미의 사자성어다. 지도자가 재물이나 권력에 대한 지나친 탐욕을 부리면, 많은 국민이 피해를 볼 뿐만 아니라 자신의 명예에도 큰 상처를 입게 되고 평생 불행한 삶을 영위할 수밖에 없게 된다.

초한 전쟁에서 한고조 유방이 초나라 항우를 물리치고 천하통일을 이루는 데 큰 공을 세운 책사 장량은 다른 공신과 달리 천수를 누렸다. 그가 평생 편안한 삶을 영위할 수 있었던 것은, 고난은 함께할 수 있지만 영화는 함께 나누기 어렵다는 것을 깨닫고 모든 것을 내려놓은 채 탐욕 없이 낮은 자세로 살았기 때문이다.

리더의 위치에 있는 사람들은 언제 어디서나 탐욕을 버리고 청빈한 마음을 가져야 하며, 재물과 권력에 대한 욕심을 철저히 절제하고 마음을 잘 다스릴 수 있어야 한다.

욕심이 끝이 없는 것이 인간의 본성이지만, 욕심이 많으면 많을수록 근심과 고통도 그만큼 뒤따르는 것이므로 어느 정도 내려놓는 지혜가 필요하다. 지나친 탐욕으로 인하여 불행한 삶이 되지 않도록 처신하고, 항상 배려하고 헌신하는 자세가 필요하다.

• 지혜를 쌓아라

"지혜는 그 어떤 재산보다 더 중요하다."

고대 그리스의 작가 소포클래스는 이같이 말했다. 권력과 재물을 탐내기보다 지혜를 쌓는 일이 더 중요하다는 뜻이다.

리더는 지혜와 통찰력을 가져야 올바른 판단을 할 수 있으므로 항상 책을 많이 읽고 지식을 함양하는 데 게을리해서는 안 된다. 지도자가 무능하여 올바른 판단을 하지 못하면 그 피해는 많은 국민이 입게 되므로 많은 지혜를 습득하여 독선과 오만, 탐욕, 사리사욕, 비리, 사기, 탈법이 없는 안정된 사회를 만들어 나가야 한다.

재산은 쉽게 얻을 수 있지만 순식간에 사라지기도 한다. 반면, 지혜를 쌓으면 평생토록 유용하게 사용할 수 있고, 삶을 성공으로 이끄는 주춧돌이 되므로 항상 책을 많이 읽고 지혜와 덕을 쌓는 데 모든 힘을 다해야 한다.

링컨 전 대통령이나 처칠 전 영국 총리가 훌륭한 리더가 될 수 있었던 배경은 많은 독서를 바탕으로 폭넓은 지혜를 쌓았기 때문이다. 중국 삼국시대 손권을 섬긴 여몽 장군이 전쟁에서 뛰어나게 전략 전술을 펼칠 수 있었던 배경과 송나라 적청 장군이 송나라를 대표하는 명장이 될 수 있었던 것은 무예도 뛰어났지만, 책을 많이 읽고 지혜를 쌓는 데 게을리하지 않았기 때문이다.

• 리더십을 길러라

리더십은 비전과 목표를 제시하고 구성원들을 이끌어 가는 힘을 말한다. 나폴레온 힐은 《성공의 법칙》에서 리더의 자질로 자신감, 도덕적 우위, 자기희생, 온정, 공정성, 결단력, 위엄, 용기를 꼽았다. 이 8가지 자질을 갖추어야 구성원으로부터 신뢰와 존경을 받을 수 있다는 의미이다.

리더십은 군에서 말하는 통솔력과 같은 말이며, 구성원이나 국민이 명령이나 법규를 잘 지키게 하려면 먼저 리더가 솔선수범하여야 하고, 신뢰할 수 있도록 공평하고 정직하게 처신하여야 한다.

리더가 솔선수범하지 않거나, 부당한 지시를 하거나, 무책임하거나, 불법적인 것에 영향력을 행사하게 되면 신뢰와 존경을 잃게 되어 올바른 리더십을 발휘할 수 없게 된다.

1967년 2월 14일 베트남 짜빈동 전투에서 우리나라 해병 청룡부대 11중대가 8배나 많은 북베트남군 2,400명을 물리치고 대승을 거둘 수 있었던 것은 당시 중대장으로 있던 정경진 대위가 어깨에 총상을 입었음에도 불구하고 솔선수범하면서 침착하게 부대를 지휘하는 탁월한 리더십을 발휘하였기 때문이었다.

링컨 전 대통령이 가장 위대한 리더로 평가받고 있는 것은 윤리적인 카리스마로 무장하여 그 누구도 하고 싶지 않았던 노예해방을 이루어 자유와 평등을 구현하는 데 큰 공헌을 한 데 있다. 그는 항상 경청하고, 협력하고, 목표와 비전을 제시하고, 격려하고, 봉사하고, 용기를 북돋아 주고, 소통하고, 원칙을 지키고, 정직한 삶을 추구하면서 적대 세력을 포용하며 증오를 사랑으로 바꾸는 도덕적 리더십을 발휘하였다.

• 유능한 인재를 등용하라

"임금을 알고 싶으면 먼저 그 신하를 보라."

《명심보감》에 나온 글이다. 유능한 인재를 쓰면 자신도 유능해진다는 뜻이다.

지도자가 올바른 판단을 하려면 물론 자신도 지혜와 통찰력을 길러야 하지만, 유능한 참모를 곁에 두고 국내외 정세를 비롯하여 경제 · 외교 · 국방 등 다양한 분야에 대한 많은 조언을 통하여 개인의 이익이 아닌 국민과 국가의 발전을 도모할 수 있도록 힘써야 한다.

유비가 중국 삼국시대의 영웅으로 추앙받을 수 있었던 것도 삼고초려로 등용한 제갈량이라는 훌륭한 책사가 있었기 때문이다. 또한 한 고조 유방이 천하통일을 이루어 낼 수 있었던 것은 그의 곁에 장막 속에서도 천 리 밖을 내다보고 교묘한 책략을 구사할 줄 아는 장량, 행정을 잘 살피고 군량을 제때 보급할 줄 아는 소하, 100만 대군을 통솔하여 싸움에서 이긴 한신이 있었기 때문이다.

참모가 유능하냐 무능하냐에 따라 지도자의 위상은 크게 달라진다. 간신이나 무능한 참모로 인하여 잘못된 판단을 하게 되면 자신의 명예에도 큰 손상을 입게 될 뿐 아니라 많은 사람이 피해를 보게된다. 그러므로 항상 인재를 등용할 때는 유능하고 현명한 사람을 선발하는 데 투자를 아끼지 말아야 한다.

만일 인재를 등용하면서 유능한 인재를 배제하고 오로지 혈연·지연·학연에 따라 등용하게 되면, 충언보다는 감언이설을 일삼아 올바른 정사를 볼 수 없게 된다. 결국 독선과 부정부패가 판을 치게 되어 사회에 큰 혼란과 위기를 초래하게 될 것이다.

따라서 훌륭한 인성과 덕을 갖춘 유능한 인재를 등용하도록 심혈을 기울여야 한다.

• 공명정대하라

모든 일을 행함에 있어 공평하게 처리하여야 한다는 의미이다. 인재를 등용할 때, 인사 고과를 심사할 때, 또 각종 행사를 시행함에 있어서 능력이나 성적을 우선순위로 하여야 한다. 뇌물이나 청탁을 받고 처리하게 되면 많은 사람이 불평불만을 하게 되고 조직이 분열되어 올바른 지휘력을 발휘할 수 없다.

자신의 출세와 권력 유지를 위하여 공평한 인재 등용을 망각한 채 오로지 혈연과 지연, 학연 등에 의한 인재를 등용하여 많은 불신과 명예에 큰 상처를 입은 사례도 있었다. 이를 반면교사로 삼아 인재 등용에 있어서는 항상 공평함을 잃지 않고 정직하게 처리하여야 조직에 불신이 사라지고 올바른 사회가 유지되는 것이다.

제갈량이 명재상의 반열에 오를 수 있었던 것은 상벌을 엄격하면서 공평하게 처리하고 검소함을 몸소 실천하였기 때문이다.

부서 책임자나 지휘관, 경영책임자, 지도자 등 리더의 위치에 있는 사람들은 항상 공평하게 일을 처리하여야 많은 사람으로부터 신뢰와 존경을 받을 수 있다는 점을 유념하여야 한다.

• 격려하고 칭찬하라

"누군가의 잘한 점을 인정해 주는 것은
그 사람의 영혼을 춤추게 한다."

미국 동기부여 작가 윌리엄 아서 워드의 말이다. 진심으로 하는 칭찬은 상대방의 마음에 스며들어 그 사람의 인생 방향까지 바꾸는 힘을 가지고 있다는 의미이다.

칭찬은 고래도 춤추게 한다는 말이 있듯, 칭찬에 인색하지 않아야 상대를 감동하게 하고 나 자신을 빛나게 할 수 있다. 잘한 사람에게는 칭찬을 통해 보람과 긍지를 갖게 하고, 잘못한 사람에게는 격려를 통해 용기와 자신감을 갖게 하는 것이 리더의 몫이라 할 수 있다.

잘한 일에 대해서는 반드시 칭찬해야 하는데, 당연한 것처럼 그

냥 지나치는 경우가 많은 것이 현실이다. 칭찬함으로써 상대방은 자신감을 가지고 더 열심히 하는 계기가 되므로 칭찬에 인색하지 말아야 한다. 상대를 감동시킬 뿐 아니라 서로 간에 신뢰를 형성시키는 칭찬을 아끼지 말자.

• 책임감을 가져라

책임 의식은 리더의 사명이자 의무이다. 리더가 책임감을 갖추지 않으면 많은 사람을 이끌 수 없으며, 하급자로부터 신뢰를 잃게 되어 올바른 지휘력을 발휘할 수 없게 되므로 리더의 위치에 있는 사람은 강한 책임감을 갖추어야 한다.

리더가 자신의 잘못을 책임지지 않고 타인이나 부하직원들에게 그 책임을 떠넘기게 되면, 조직이 붕괴될 뿐 아니라 많은 사람에게 불신을 조장하여 조직을 올바르게 이끌어 갈 수 없게 된다.

직장에서도 자기의 무능력과 잘못을 회피하려고 변명하거나 부하직원에게 잘못을 떠넘기는 간부의 모습을 찾아볼 수 있다. 이러한 간부는 자질이 없는 것이므로 좋은 평판을 유지할 수가 없다.

고위직에 올라갈수록 항상 책임감은 커지기 마련이다. 마땅히 책임감과 사명감을 가지고 일을 처리하여야 많은 사람으로부터 신뢰와 존경을 받는 훌륭한 리더로서의 자질을 갖추었다고 말할 수 있다.

• 변화와 혁신을 주도하라

"Hit Refresh 하라!"

마이크로소프트 CEO 사티아 나델라의 경영 철학을 상징하는 메시지다. 그는 관료화되고 관성에 젖어 있던 조직문화의 틀을 깨고, '공감'이라는 가치를 내세워 사람과 사람, 사람과 기술을 연결하여 하나의 목표를 달성하게 하면서 변화와 혁신을 일으켰다. 그 결과 성장이 멈춰 있던 마이크로소프트를 클라우드 통합 서비스 점유율 세계 1위 기업으로 탈바꿈시켰다.

삼양식품이 2025년 상반기 매출 1조 원을 역사상 처음으로 달성할 수 있었던 계기는 성장이 정체된 상태에서 변화하여야 경쟁에서 이길 수 있다는 마케팅 전략에 힘입어 '불닭볶음면'이라는 혁신적인 라면을 개발하였기 때문이다.

이렇듯 리더는 비전을 제시하고 혁신을 주도할 수 있어야 조직을 성공적으로 이끌어 갈 수 있다.

앞에서 살펴본 바와 같이, 시대와 환경은 달라져도 사람들이 리더에게 기대하는 본질은 크게 다르지 않다.

리더의 위치에 있는 사람은 청렴을 비롯하여 정직, 공평, 성실, 봉사와 헌신, 책임감, 통솔력, 혁신적 사고, 매사에 솔선수범하여야 한다는 것은 동서고금을 막론하고 변하지 않는 세상의 이치이다.

언제 어디서나 지나친 욕심과 특혜, 청탁, 비리, 부정부패, 부조리, 뇌물, 사기, 권력 남용 등을 철저히 삼가고, 청빈함과 더불어 인성과 지혜, 정직함을 갖추어야 훌륭한 리더라고 할 수 있다.

4부

좋은 습관이 성공을 만든다

"운명은 그 사람의 성격에 의해서 만들어진다.

그리고 성격은 그 사람의 일상생활 습관에서 만들어진다.

그러기 때문에 오늘 하루 좋은 행동의 씨를 뿌려서

좋은 습관을 거두어들이도록 하지 않으면 안 된다.

좋은 습관으로 성격을 다스린다면

그때부터 운명은 새로운 문을 열 것이다."

토머스 데커

좋은 습관은 성공의 토대다

"적토성산(積土成山)"

작은 습관이 쌓여 큰 변화를 만든다는 뜻이다. 대부분 성공한 억만장자는 작은 습관이 큰 성공을 이루는 계기가 되었다고 말한다.

제임스 클리어는 《아주 작은 습관의 힘》에서 큰 변화를 원한다면 작은 습관부터 실천하라고 했으며, 로버트 마우어는 《아주 작은 반복의 힘》에서 큰일을 해내는 최고의 방법은 아주 작은 일의 반복이라며 '스몰 스텝'을 강조했다. 모든 성공은 작은 반복에 의해 이루어지므로 작은 습관을 중요하게 생각하고 실천하라는 말이다.

인생을 살아가면서 모든 것이 습관에 의해 이루어진다. 습관은 좋은 습관과 나쁜 습관으로 구분할 수 있는데, 성공적인 삶을 살아가기 위해서는 나쁜 습관을 과감히 버리고 좋은 습관을 지니도록 노력하여야 한다. 나쁜 습관이 몸에 배면 하루아침에 고치기란 쉽지 않지만, 꾸준히 변화시켜 나가는 실천이 중요하다.

좋은 습관에는 준비하는 습관을 비롯하여 아침에 일찍 일어나는 습관, 인사 잘하는 습관, 칭찬하는 습관, 운동하는 습관, 배려하는 습관, 감사하는 습관 등 여러 가지가 있다.

"성공은 하루아침에 이루어지지 않는다.
그것은 작은 노력들이 계속해서 쌓여 가는 것이다."

《꿈을 이뤄 주는 책》의 저자 로버트 콜리어가 한 말이다. 매일 반복되는 작은 행동과 습관이 쌓여 큰 결과를 만든다는 의미이다.

필자는 매일 새벽 5시에 일어나 운동과 독서를 하는 좋은 습관을 꾸준히 실천하며 건강한 체력을 유지하고 있다. 그 덕분에 정년이 지난 지금도 현역으로 활발히 활동하고 있다.

많은 사람이 "아침에 일찍 일어나서 운동해야지.", "독서해야지.", 다이어트를 해야지."라고 말하지만, 실제로 이를 행동으로 옮기는 경우는 드물다. 말과 행동 사이의 이 작은 차이가 결국 인생의 큰 차이를 만든다.

워런 버핏은 보통 사람보다 평균 5배 정도 책을 더 읽는다고 하고, 빌 게이츠는 다른 사람의 좋은 습관을 자신의 습관으로 만든다고 한다. 팀 쿡은 하루 일정을 아침에 점검하며, 오프라 윈프리는 매일 감사 일기를 쓰는 습관을 가지고 있다. 하워드 슐츠는 매일 다른 사람과 식사하며 관계를 가꾸는 좋은 습관을 지켜 오고 있다.

이처럼 성공한 사람들의 삶을 살펴보면 공통점이 있다. 좋은 습관을 지니고 꾸준히 실천했다는 점이다. 작은 습관이 반복되면 큰 성공으로 이어진다. 작고 사소한 습관이라도 먼저 시작하라.

브라이언 트레이시는 《백만 불짜리 습관》에서 빠른 승진을 위한 좋은 습관 2가지를 다음과 같이 제시한다.

첫 번째는 출퇴근 전후의 시간을 전략적으로 활용하는 것이다. 조금 일찍 출근해서 하루의 우선순위를 정리하고 중요한 일을 먼저 처리하면 불필요한 시행착오를 줄일 수 있다. 또한 퇴근 시간보다 30분 더 일을 하면 미루어진 일을 완료할 수 있으며, 다음 날의 계획을 세움으로써 생산성을 크게 높일 수 있다.

두 번째는 더 많은 책임을 맡으라는 것이다. 자신의 역할에만 머무르지 않고 조직에 필요한 일을 주도적으로 해결하려는 사람이 능력을 인정받고 빨리 승진할 수 있다.

좋은 습관을 가진 사람은 좋은 삶을 누리며, 나쁜 습관을 가진 사람은 세상을 힘들게 살아갈 수밖에 없다. 작은 습관이 운명을 바꾸기도 한다. 회사에서도 아침 일찍 출근하여 공부하고 연구하는 직원은 좋은 평판을 유지하면서 승승장구한다. 자신이 성장하고 발전하려면 남들보다 더 큰 노력을 통해 탁월한 역량을 갖추어야 한다.

《생각의 지혜》저자 제임스 앨런은 다음과 같이 말했다.

"두려움과 의심, 우유부단한 생각은 나약하고 비겁하고 미적거리는 습관으로 구체화되어 실패, 결핍, 의존적 환경을 낳는다."

두려움, 불신, 우유부단한 생각을 버려야 실패하지 않고 성취를 이룰 수 있다는 의미이다.

공부하는 습관, 적극적인 습관, 긍정적인 습관, 칭찬하는 습관, 절약하는 습관, 애사심을 가지는 습관, CEO의 마음 자세로 일하는 습관 등이 대표적인 좋은 습관이다. 좋은 습관을 가지는 데 전념하라.

벤저민 프랭클린이 오늘날까지 신뢰와 존경을 받는 것은 13가지 미덕(절제, 침묵, 질서, 결단, 검소, 근면, 성실, 정의, 중용, 청결, 평정, 순결, 겸손)을 성품의 일부로 습관화하면서 꾸준히 실천하였기 때문이다.

모든 성공의 토대는 좋은 습관이다. 당신이 성공을 원한다면 나쁜 습관을 좋은 습관으로 바꿔라. 지금 즉시!

준비된 사람에게 기회가 온다

"성공은 운이나 환경의 문제가 아니다. 매일 주어진 일에 최선을 다하고 언젠가 때가 온다는 확신 아래 기회를 잡을 수 있도록 대비하는 준비의 문제일 뿐이다."

얼 나이팅게일은 《위대한 성공의 시작》에서 이같이 말했다. 기회가 왔을 때 잡을 준비가 돼 있어야 성공한다는 의미이다.

군대에서 흔히 '신고에서 시작하여 신고로 끝나는 생활이 군대'라는 말이 있듯이 인생도 '준비에서 시작하여 준비로 끝나는 것이 인생'이다.

준비는 아침에 일어나는 순간부터 시작된다. 출근 준비를 하여 직장에 도착하면 오늘 할 일을 준비하고, 일을 마치면 퇴근 준비를 하고, 집에 도착하면 내일을 위하여 취침 준비를 하면서 일과가 종료된다.

이 밖에도 준비에는 회의 준비를 비롯하여 강연 준비, 강의 준비, 출연 준비, 각종 행사 준비, 시험 준비, 각종 스포츠 준비, 여행 준비, 겨울 준비, 훈련 준비, 노후 준비 등 여러 가지가 있다.

삶에 있어서 준비는 성공과 기회를 잡는 원동력이 되므로 매우 중요한 요소이다. 준비를 얼마나 잘하느냐에 따라 좋은 기회를 얻으며 성공을 이룰 수 있기 때문이다. 준비를 하지 않으면 천재일우의 기회가 왔을 때 잡지 못하게 된다.

필자는 준비를 철저히 하는 습관을 가지고 있다. 시간 계획표를 하루 전에 준비하는 것을 비롯하여 일일 자금 사용 계획, 한 달 자금 사용 계획을 준비하고 시간 및 자금 관리를 철저히 하고 있다. 출근도 1시간 일찍 하여 30분 공부하고 30분 업무 준비를 하는 좋은 습관을 지니고 있다.

준비를 잘하는 사람이 실수를 줄이고 무슨 일이든 좋은 성과를 낼 수밖에 없다. 프랑스 생물학자 루이 파스퇴르도 준비의 중요성을 강조하며 이렇게 말했다.

"기회는 준비된 자에게만 온다."

올림픽 게임에서 금메달을 따는 스포츠 선수들이 사전에 훈련하고 준비하지 않았더라면 우승할 수 없었을 것이며, 안세영 선수가 배드민턴 세계 1위에 등극할 수 있었던 것도 많은 훈련과 철저한 준비가 있었기 때문이다.

마틴 루틴 킹 목사가 1963년 8월 28일 링컨기념관 발코니에서 "나에게는 꿈이 있습니다."라는 명연설을 하면서 시민권 운동의 상징적인 리더가 될 수 있었던 계기는 철저한 준비와 뛰어난 연설 능력에 있었다.

가치투자의 대가 워런 버핏이 세계 부자 순위 10위권에 오를 수 있었던 것도 어릴 때부터 꾸준히 공부하고 준비해 온 덕분이다.

"침과대단(枕戈待旦)"

항상 전투태세를 갖춘다는 의미의 사자성어다. 국방도 사전에 철저히 준비하지 않으면 나라에 큰 환란을 입게 되며, 각종 재난 예방도 사전에 준비하지 않으면 큰 피해를 보게 된다.

준비 능력이 뛰어나다는 것은 미래 예측을 잘할 수 있다는 것과 같다. 미래를 내다볼 줄 알아야 성공하는 것이다. 앞서 살아갈 자유 의지를 갖고자 한다면, 언제 어디서나 미리 생각하고 준비하라.

누구나 성공하려면 준비하여야 한다. 이것은 누구에게나 변함없는 진리이므로….

자신의 한계에 도전하라

"자신의 능력에 온갖 마음의 벽으로 막아 버린다면 능력은 결코 성장하지 않고 아무것도 창출할 수 없다."

《아무도 가르쳐 주지 않는 부의 비밀》 저자 오리슨 S.마든의 말이다. 그는 사람이 실패하는 이유를 스스로 만들어 놓은 두려움과 자기 한계 때문이라고 보았다. 불안과 자기 의심으로 마음속에 벽을 쌓는다면 능력을 제대로 발휘할 수 없다는 것이다.

사람은 누구나 자신이 생각하는 것보다 훨씬 많은 능력을 소유하고 있다. 그 능력을 가로막는 마음의 벽을 허물고 자신감을 가지고 적극적으로 활용할 때, 비로소 성장과 성공이 가능해진다.

필자는 항상 상급자의 지시가 있을 때는 "힘들겠습니다. 어렵습니다."라고 대답하지 않고, "잘 알겠습니다. 한번 해 보겠습니다."라고 대답한다.

전직 회사에서 총무팀장으로 있을 때의 일이다. 어느 날 임원으로부터 내년도 사업 계획을 작성하여 보고하라는 지시를 받았다. 지금까지 사업 계획은 기획실에서 계속 작성하여 온 터라 '처음에는 우리 부서 일이 아닌데.'라는 생각을 하는 찰나, "올해는 송 팀장이 한번 해 봐."라고 지시하셨다. 이에 "잘 알겠습니다. 한번 해 보겠습니다."라고 자신 있게 대답하였다.

그 후 나는 다양한 경험을 쌓을 수 있는 좋은 기회라 여기고 밤을 새우면서 15일 만에 작성을 완료하여 보고하였다. 그 결과, 기획실에서 해 온 것보다 진취적이고 혁신적이라며 좋은 평가를 받았다.

사람의 능력에는 한계가 없다. 할 수 있다고 자신을 믿고 도전하면 안 되는 게 없다. 그때 만일 필자가 우리 부서 일이 아니라서 못하겠다고 대답했다면 능력 없는 간부로 찍혔을 것이고, 좋은 경험을 쌓는 기회를 날렸을 것이다.

"믿어라, 당신은 해낼 수 있다."

나폴레온 힐이 《성공법칙》에서 강조하는 말이다. 필자가 좋아하는 명언 중의 하나이다.

헬렌 켈러는 시각 · 청각 장애를 가지고 있었지만, 강한 의지로 자신이 가지고 있는 능력을 최대로 끌어올려 작가와 사회주의 운동가로 활발하게 활동하였으며, 대통령 자유 훈장을 받았고, 전미 여성 명예의 전당에 뽑히기도 했다.

마이클 펠프스 전 수영선수는 ADHD 진단을 받았으나 자신의 잠재 능력을 충분히 발휘하여 올림픽에서 23개의 금메달을 획득하였다. 올림픽 역사상 한 대회에서 8개의 금메달을 석권하고, 두 대회 연속 8개의 메달을 획득하는 전설 같은 기록도 세웠다.

《평균의 종말》 저자 토드 로즈는 중학교 때 ADHD 판정을 받은 뒤 성적 미달로 고등학교를 중퇴하고, 검정고시로 자격을 획득하여 대학에 입학했다.

그는 야간 수업을 들으며 주경야독으로 공부하여 하버드대학교 교육대학원에서 박사 학위를 취득하고, 현재 하버드대학교 교육대학원 인간발달학 교수로 활동하고 있다. 그리고 구글, 애플, TED 등 많은 곳에서 강연을 펼치고 있다.

그가 주의력 결핍 과잉행동 장애를 가졌음에도 박사 학위를 취득하고 강연하면서 최고의 대학에서 훌륭한 교수로 재직할 수 있는 것은 자신의 능력을 찾아내어 불철주야 공부하고 노력하였기 때문이다.

일본 추리 소설가 히가시노 게이고는 전기 공학과를 전공하고 엔지니어로 직장 생활을 하면서 추리소설을 저술하였으며, 작가로 등단 후 《방과 후》 등 여러 편의 소설을 출간하였다.

　1985년에는 《방과 후》로 에도가와 란포 상을 비롯한 여러 상을 받으며 일본의 대표적 작가의 반열에 올랐다. 그의 작품은 영화로도 소개되었으며, 그는 우리나라에서 가장 인기 있는 일본의 추리 소설 작가 중의 한 사람이다.

　어릴 때 만화책도 한 번 읽지 않는 등 학창 시절에는 글을 쓰는 데 전혀 관심이 없었지만, 오늘날 일본 최고의 소설가로서 타고난 능력을 발휘할 수 있는 것은 재능을 뛰어넘어, 하고자 하는 의지와 끊임없는 노력 때문이다.

　"마음먹는다면 얼마든지 자기 자신을 뛰어넘을 수 있다.
　바로 노력이라는 정직함으로 말이다."

　심리와 자기 계발 전문가인 웨이슈잉은 《하버드 새벽 4시 반》에서 이같이 말했다. 노력만 하면 자신의 잠재 능력으로 얼마든지 성공을 거둘 수 있다는 의미이다.

　뇌 과학 전문가에 의하면, 사람의 뇌에 저장할 수 있는 정보량은 최대 책 5억 권도 가능하다고 한다. 타고난 재능 외에도 노력으로 얼마든지 능력을 발휘할 수 있다는 이야기이다.

　아무리 시간이 없고 힘든 일이라도 강한 의지만 있으면 이루지 못할 일은 없다. 이때 중요한 것은 자신의 능력을 과소평가하거나 자신감을 잃어서는 안 된다는 것이다.

"천불생 무록지인(天不生無祿之人)"

누구나 타고난 사명과 가치가 있으므로 자신을 하찮게 여기지 말라는 뜻의 고사성어다. 항상 자신을 믿어야 한다. 자신은 언제 어디서나 무슨 일이든 이루어 낼 수 있는 위대한 능력의 소유자라고….

절망 대신 희망과 용기를 선택하라

그는 1942년 1월 8일 영국의 옥스퍼드에서 태어났다. 어린 시절부터 과학에 대한 흥미를 보였으며, 1962년 케임브리지 대학교에 입학하여 물리학을 전공했다. 그러나 1963년 21세 때 중동 여행 이후 루게릭병이 발병하여 의사에게 1~2년밖에 살지 못한다는 시한부 선고를 받고 만다.

그는 근육이 마비되어 글을 쓸 수 없는 등 많은 시련이 있었지만, 절망하지 않고 암산으로 수식을 푸는 등 각고의 노력 끝에 박사 학위를 따냈다. 그 후 《시간의 역사》라는 책을 출간하여 큰 수입을 거두는 성과를 이루었으며, 블랙홀에 대한 연구 논문을 발표하면서 세계적인 물리학자의 반열에 올랐다.

이후 폐렴 등 합병증이 발병하여 수술 후유증으로 정상적인 목소리를 잃고 휠체어에 부착된 음성합성기로 대화하는 등 시련과 역경이 많았다.

그럼에도 불구하고 연구를 지속하여 우주론과 양자 중력에 대한 이론을 정립하는 데 큰 공헌을 하였으며, 1982년 대영제국 훈장을 비롯하여 1988년 물리학 부문 울프상, 2009년 미국 대통령 훈장을 받았다.

영국 왕립학회 회원인 그의 이름은 물리학자 '스티븐 호킹' 박사이다. 그의 저서는 《시간의 역사》 외에 《블랙홀과 아기 우주》, 《호두 껍질 속의 우주》, 《위대한 설계》, 《시간과 공간에 관하여》 등이 있으며 1977년 영국 케임브리지대학 수학과 중력 물리학 교수를 역임하였다.

그가 신체에 큰 장애가 있었음에도 박사 학위를 따고 과학 발전을 획기적으로 이끌면서 아인슈타인 이래 가장 뛰어난 이론 물리학자로 추앙받을 수 있었던 것은, 절망하지 않고 끊임없이 연구하고 도전하였기 때문이다.

"만약 지금 좌절의 시간을 겪고 있다면, 지금이야말로 인생 최고의 전성기이다. 만약 다시 못 일어날 것처럼 지쳐 있다면 그것은 지친 것이 아니라 그저 마음속에 작은 부분이 잠시 치유의 시간을 원하는 것뿐이다. 만약 낙망하고 있더라도 그것은 희망이 사라진 것이 아니라 지나가는 구름에 가려진 것처럼 보일 뿐이다. 최고의 승부사는 최악의 악재 앞에서 오히려 회심의 미소를 짓는 자다."

25년간 한국 양궁의 세계 1등 신화를 만든 서거원 양궁 전 국가 대표 감독은 《따뜻한 독종》에서 다음과 같이 말했다. 아무리 어려운 순간이 닥쳐오더라도 절망하지 말고 희망을 가지라는 뜻이다.

정신과 의사 빅터 플랭클은 오스트리아 빈 대학교에서 의학을 전공한 후 정신과 의사로 활동하다가 유대인이라는 이유로 독일군에 의해 가족과 함께 1942년 9월 테레지엔슈타트로 추방되었다.

그 후 1944년 10월 악명 높은 나치 수용소 아우슈비츠로 끌려가서 추위와 배고픔, 강제 노동, 인권 유린에 시달렸고 가족도 생사를 알 수 없는 시련과 역경을 겪었다. 그럼에도 《의사와 정신》을 출간하겠다는 희망을 품고 끝까지 살아남았으며, 1945년 4월 미군에 의해 자유를 찾았다.

그는 1955년 빈 대학교에서 신경정신과 교수직을 맡았고, 정신요법 제3학파인 로고테라피 학파를 창시하고 일생 동안《죽음의 수용소에서》등 32권의 책을 남겼다. 1985년에는 오스카 피스터 상을 수상하기도 했다.

수용소를 나온 후, 어머니와 동생 아내가 모두 수용소에서 죽었고 유일하게 호주로 이주했던 여동생 1명만 생존한 것을 알았다. 그가 참혹한 수용소에서 살아나올 수 있었던 것은 좌절하지 않고 끝까지 살아남아야 책을 쓸 수 있고, 아내와 가족을 만날 수 있다는 희망을 가졌기 때문이다.

1597년 7월, 이순신 장군이 백의종군에서 삼도 수군통제사로 다시 임명되어 군영으로 갔을 때 온전하게 남아 있는 배는 13척뿐이었다. 13척으로 수백 척의 왜군과 싸워야 하는 절망감은 누구보다 컸지만, 용기를 가지고 부하들과 백성들을 설득하고 전투 준비를 철저히 하여 명량해전에서 큰 승리를 거두었다.

당시 이순신 장군은 큰 열세에도 대승을 거둘 수 있었던 것은 몸과 마음이 편치 않은 상태에서도 좌절하거나 절망하지 않고 나라를 지키겠다는 일념 하나로 싸움에 임했기 때문이다.

"낙수지탄(落水之歎)"

송나라 때 시인 소식의 작품에서 유래한 것으로, 절망 속에서도 희망을 잃지 말고 계속해서 노력하라는 의미를 담고 있는 사자성어다.

내 주변 한 지인은 IMF 때 회사의 경영난으로 권고사직을 당했다. 그는 당시 50대 초반으로 가정에서 생계를 책임져야 하는 절박한 상황이었다. 나이가 많은 관계로 취업도 쉽지 않았다. 그는 절망하지 않고 마음을 굳게 먹고 공인중개사에 도전했다.

간절하면 무엇이든 이룰 수 있다고 했던가. 그는 불철주야 공부한 끝에 시험에 합격하여 지금은 회사에 다닐 때보다 더 높은 소득을 올리고 있다.

사업에 실패하든, 경기에서 지든, 직장에서 실수로 큰 질책을 당하든, 절망할 정도의 일이 있어도 희망을 잃지 말아야 한다.

절망은 능력과 용기, 자신감, 의욕, 희망을 파괴한다. "가난은 마음의 병이다."라는 말이 있듯이 절망을 이겨 내는 것은 마음에 달려 있다. 나는 다시 성공할 수 있다고 굳게 마음먹어라.

어떠한 도전이든 성공만 할 수는 없다. 좋은 날이 있으면 고난과 역경이 반복되는 것도 인생이다. 이러한 어려운 환경에서도 좌절하거나 절망의 순간에도 희망을 버리지 않고 자신을 믿고 도전하여야 성공할 수 있다.

믿어라. 당신은 성공할 수 있다.

"새는 알에서 나오려고 투쟁한다.

알은 세계이다.

태어나려는 자는 하나의 세계를 깨트려야 한다.

새는 신에게 날아간다.

신의 이름은 ______ "

헤르만 헤세의 《데미안》에 나오는 말이다. 당신은 밑줄 친 부분에 어떤 말을 채우겠는가? '새롭게 찾아야 할 그 무엇'이라는 의미를 담는다면 말이다.

나는 '희망'이라는 말을 넣을 것이다. 미래에 대한 희망이 없다면 현재는 아무런 가치가 없기 때문이다.

성공한 사람들은 절망을 새로운 시작의 문턱으로 삼았다. 절망은 희망과 용기를 제공하는 강력한 무기가 된다. 절망하는 시간에 희망과 용기를 가져라. 절망 위에는 희망이 싹트고 있다.

실패하라, 그러나 포기하지 마라

"실패란 좀 더 현명한 방법으로 시작할 수 있는 기회이다.

정직한 실패에 부끄러움이 있을 수 없다.

단지 실패를 두려워하는 것에 부끄러움이 있는 것이다."

헨리 포드의 말이다. 그는 "당신이 할 수 있다고 생각하든 할 수 없다고 생각하든 당신이 옳다."라는 명언을 남기기도 했다. 포드는 헛간을 자신의 연구실로 쓰며 자신의 꿈을 이루기 위해 10여 년 동안 밤새워 연구하고 여러 차례의 실패를 거듭한 끝에 자동차를 만들어 1903년 포드를 창설하고 자동차 왕에 등극했다.

성공한 사람 가운데 한 번도 실패를 경험하지 않은 사람은 하나도 없을 것이다. 실패는 성공의 밑거름이라 할 수 있다. 실패를 두려워해서는 아무것도 이루지 못한다. 모든 일은 시행착오를 통해 배우면서 성공의 길에 한 걸음 한 걸음 다가가는 것이다.

"나는 실패한 것이 아니라 전구가 켜지지 않는 방법을 수천 가지 알아낸 것뿐이다."

수많은 실패에도 포기하지 않았느냐는 질문에 에디슨은 이렇게 답했다. 그는 전구를 발명하기까지 수천 번의 시행착오를 겪었음에도 실패를 배움의 과정으로 받아들이며 끝내 성공을 이루어 냈다.

링컨 전 대통령은 주의원 등 수많은 선거에서 실패했지만 냉정함과 자신감을 잃지 않고 도전한 결과, 1861년 대통령에 당선되었으며 남북전쟁 승리와 노예제도 폐지 등 많은 업적을 남겼다.

세종대왕은 집현전을 통해 많은 학자와 함께 학문을 발전시켰지만, 초기의 과학기구 발명이나 정책 추진 과정에서 많은 난간에 부딪히며 실패를 겪었다. 그러나 그는 실패를 꾸짖기보다 실패는 연구의 일부라고 격려하였고, 그 결과 훈민정음 창제와 과학기술의 눈부신 성과를 이루어 냈다.

홍콩의 재벌 리카싱은 어릴 때 가세가 기울어 친척 집에 얹혀살면서 시계 판매원으로 일했다. 친척들이 가족을 무시하는 모습을 보고 부자가 되겠다는 강한 결심하을 하게 되었다. 이후 그는 남들보다 더 성실하게 일하며 한 푼 한 푼 자본을 모았고, 작은 사업부터 차근차근 확장해 나갔다. 그 결과 여러 자회사를 거느린 세계적인 기업 청쿵그룹을 이끌며 억만장자 반열에 올랐다.

그가 어려운 환경 속에서도 오늘날 자산 53조 원에 달하는 부호가 될 수 있었던 것은 시련과 역경 속에서도 좌절하지 않고 끊임없이 도전하였기 때문이다.

엔비디아 CEO 젠슨 황은 2008년 세계적인 금융 위기 때 파산 위기를 겪었다. 그러나 포기하지 않고 자신의 월급을 1달러까지 낮추면서 뼈저린 노력으로 재기에 성공하여, 오늘날 2024년 기준 전 세계 시가 총액 1위에 등극시켰다. 그의 재산도 165조 원으로 세계 부자 순위 11위에 해당한다.

추리 소설가 존 크레시는 출판사로부터 무려 743번의 출간 거절을 당했지만, 결국 1932년 첫 작품인 《Seven Times Seven》을 세상에 내놓았다. 그 후 그는 564권의 책을 출간하는 대기록을 세웠으며, 영국에서는 그의 위대한 도전정신을 기리기 위해 매년 최우수 신인 작가에게 존 크리시상을 수여하고 있다.

성공학의 대가로 불리는 브라이언 트레이시는 《백만 불짜리 습관》의 저자이기도 하다. 그는 학업과 여러 직업에서 실패를 겪었지만, 포기하지 않고 도전을 이어 갔다. 그 결과 연 매출 3천만 달러가 넘는 브라이언 트레이시 인터내셔널 인력회사를 설립하였고, 《세일즈 슈퍼스타》를 비롯한 다수의 저서를 출간했다. 현재 그는 전 세계 1,000여 개가 넘는 세계 굴지의 기업들로부터 억대가 넘는 강의료를 받으며 강연 활동을 펼치고 있다.

《고전이 답했다, 마땅히 살아야 할 삶에 대하여》의 저자 고명환 작가는 사업을 4차례나 실패한 후, 실패를 성공의 발판으로 삼아 다섯 번째 막국수 사업으로 재기에 성공하였으며, 현재 연 매출은 10억 원이 넘는다. 그는 작가로도 활발하게 활동하면서 베스트셀러 작가가 되었으며, 2024년 교보문고 출판 어워즈 올해의 작가상을 수상하였다. 그는 현재 강연가로도 활발하게 활동 중이다.

실패는 성공을 위한 쓰라린 과정이다. 실패의 고통은 무척 쓰라리지만, 지혜로운 사람은 더 큰 도약의 발판으로 삼는다. 당장의 괴로움을 견디어 내면 언제인가는 반드시 인내의 열매가 되돌아온다는 것을 알고 있기 때문이다.

현대 명상 문학의 선구자 제임스 앨런은 《생각의 지혜》에서 이렇게 썼다.

"진리의 제자, 덕을 사랑하는 자, 지혜를 구하는 자, 또한 이기적인 삶의 공허함을 알고 슬픔에 휩싸인 자 그리고 최상으로 아름답고 평온하게 기쁜 삶을 열망하는 자여, 이제 그대 자신을 지배하고 수양(discipline)의 문 안으로 들어가서 보다 나은 삶을 알라.

오직 필요한 것은 그대의 준비와 노력뿐이다. 만약 그대가 열 번 실패한다 해도 실망하지 말라. 만약 그대가 백 번 실패한다 해도 일어나서 그대의 길을 추구하라. 만약 그대가 천 번을 실패한다 해도 절망하지 말라. 그대가 올바른 길에 들어섰다면 그 길을 완전히 포기하지 않는 한 성공이 확실하다.”

어떠한 어려움이 있더라도 포기하지 말고 끝까지 도전하면 성공한다는 뜻이다.

필자도 처음 책을 출간하려고 수십 곳의 출판사에 원고를 투고했지만, 저희 출판사에서는 맞지 않는다는 내용이라고 하여 번번이 거절당했다. 하지만 나는 좌절하거나 포기하지 않고 꾸준히 도전한 끝에 내 책을 출간하였다.

“살다 보면 흔히 저지르게 되는 두 가지 실수가 있다.

첫째는 아예 시작도 하지 않는 것이고,

두 번째는 끝까지 하지 않고 포기하는 것이다.”

《마법의 순간》 저자 파울료 코엘료가 한 말이다. 어떤 일이든 생각만 하고 실행하지 않거나 힘들다고 중도에 포기하는 것이 가장 큰 실수라는 의미이다.

실패는 많은 교훈과 참다운 지식을 알려 준다. 어떠한 일이든 최악의 상황을 이겨 내면 성공에 대한 자신감을 얻게 되고 목표를 성취할 수 있다. 실패보다 더 좋은 스승은 없다. 한두 번 실패했다고 좌절하거나, 낙담하거나, 절망하지 말라. 실패를 성공의 발판으로 삼아 권토중래(捲土重來: 한 번 실패한 후 다시 도전함)하면 누구든 성공할 수 있다.

도전하라. 실패 다음에는 기다리는 것이 있다. 성공이라는 열매가….

재물보다 절약의 지혜를 남겨라

"부불삼대(富不三代)"

부자는 3대를 넘기지 못한다는 속담으로, 1대는 자수성가했기 때문에 망할 염려가 없고, 2대는 재산 모으는 과정을 지켜보았으므로 현상 유지는 해 나갈 수 있지만, 3대는 관리를 못 해 유산을 지키기 어렵다는 뜻이다.

재산을 많이 물려주다 보면 좋은 일도 있지만 자녀 간 불화가 생기거나 사치와 향락에 빠져 재산을 탕진하는 경우가 있으므로 무엇보다 절약하는 법을 가르치는 것이 중요하다.

자수성가한 사람은 대부분 사치와 과소비는 거의 하지 않으며, 수수하고 소박하다. 부자가 되려면 버는 것도 중요하지만 쓸데없는 지출을 줄여야 한다는 것을 알기 때문이다.

'절약 끝판왕'이라 불리는 김종국 가수는 절약을 잘하는 대표적인 연예인이다. 그의 절약 DNA는 부친으로부터 물려받은 듯하다. 그의 부친은 절약의 화신으로 불릴 정도로 절약을 실천하면서 가족에게도 절약 정신을 교육한다. 식당에서 냅킨도 절반 찢어서 사용할 정도로 물자 절약을 몸소 실천한다. 그런 절약 정신이 많은 사람에게 모범이 되어 2024년에 행안부 장관상을 받기도 했다.

김종국 가수도 물, 전기에 대한 절약은 물론이며 물티슈까지 빨아서 재사용하고 이삿짐까지 직접 옮기는 등 절약 정신은 타의 추종을 불허할 정도로 탁월하다. 그런 근검절약 정신 덕분에 대통령상까지 받았으며, 절약하는 습관으로 알뜰히 저축하여 집도 대출 없이 전액 현금으로 구입하였다고 한다.

절약하는 습관이 부자를 만든다는 말을 증명하는 대표적 사례로, 많은 사람으로부터 존경받는 모범 연예인이라 할 수 있으며 그의 절약 정신은 삶의 철학이라 할 수 있다.

전원주 탤런트는 절약을 잘하기로 유명하다. 그는 배우 시절에도 옷을 산 역사가 없다고 했다. 이제는 작아져서 못 입는 동료들의 옷을 얻어 입거나 빌려서 입었다고 하며, 집에 에어컨이 있어도 틀어 본 적이 없다고 한다.

그녀의 생활신조는 "쓰는 재미보다 모으는 재미로 살아라."이다. 그녀의 말처럼 돈은 아무리 많이 벌어도 절약하지 않으면 모이지 않는 법이다.

"아무 물건이나 함부로 낭비하고 물자가 귀한 것을 모르면 결국은 그 화가 자신에게 돌아온다."

사상가 미즈노 남보쿠는 《절제의 성공학》에서 이같이 말했다. 아무리 재산이 많아도 절약하지 않으면 결국에는 고통스러운 삶이 찾아온다는 의미이다.

최근에 영국에서 30대 청년이 19억 복권에 당첨된 후 회사를 그만두고 호화스러운 생활을 하다가 폐색전증으로 응급차에 실려 가면서 "인생에서 돈이 전부가 아니다."라고 했다는 뉴스가 있었다. 그는 병원에서 입원 치료를 받으면서 회사를 그만둔 것과 방탕한 생활을 한 것에 대해 "그러지 말아야 했다."라며 후회했다고 한다.

로또에 당첨되어도 자금 관리를 잘못하면 순식간에 빈손이 되는 것처럼, 재산을 아무리 많이 물려받아도 절제하고 절약하는 방법을 모르면 순식간에 비렁뱅이 신세가 되는 것이다.

필자가 아는 지인의 회사인 S 회사는 가족이 경영하는 회사로서 최초 창업한 CEO는 자수성가하여 여러 개의 계열회사를 거느릴 정도로 회사를 잘 성장시켰다.

자녀들은 임원직으로 있으면서 고급 승용차에 수시로 골프를 치고 해외여행을 즐기면서 사치를 하고 과소비를 일삼았다. 그러다가 몇 년 후 오너가 경영 일선에서 물러나자, 근검절약을 모르는 가족이 증여받아 경영을 계속하게 되면서 회사는 더 이상 발전이 없이 많은 어려움을 겪고 있다고 한다. 기업도 항상 투자를 하고 유보율을 높여야 안전하게 경영을 지속할 수 있는 것이다.

《억만장자 시크릿》의 저자 라파엘 배지아그는 자신이 인터뷰한 자산가 중 가장 검소한 자산가가 인포시스를 설립한 인도의 나라야나 무르티라고 했다. 그는 억만장자임에도 방 세 개짜리 오래된 아파트에 장기간 살고 있으며, 올해의 기업가상을 받는 자리에도 턱시도가 아닌 수수한 옷차림으로 참석했다고 한다.

개인이든 기업이든 근검절약하는 법을 모르면 재산을 아무리 많이 물려주더라도 밑 빠진 독에 물 붓기밖에 되지 않는다. 따라서 재산을 물려주기 전에 절약하는 법을 먼저 가르쳐야 한다.

필자도 현재 자동차를 10년째 타고 있으며, 외식하는 횟수도 평소의 절반으로 줄이고 식사 약속도 되도록 제한하면서 절약을 실천하고 있다.

절약할 수 있는 분야는 찾아보면 의외로 많다. 커피를 집에서 만들어 마시기, 담배 끊기, 전기나 물 사용 줄이기, 택시 안 타고 대중교통 이용하기, 충동 구매하지 않기, 여행 절반으로 줄이기, 사교육비 줄이기, 할부 구매 없애기, 카드 대신 현금 사용하기 등 사소한 것부터 절약하는 습관을 지녀야 지출을 줄이고 돈을 모을 수 있다.

많은 사람이 재산 상속 문제로 형제간 다툼을 벌이고, 재벌 자녀들의 사치와 향락에 빠지는 모습을 보면, 재산보다 더 중요한 것은 근검절약 정신임을 새삼 느끼게 된다.

재산을 잘못 물려주면 평생 고통을 안고 살아갈 수도 있다. 무엇보다 중요한 근검절약하는 습관을 가르치는 데 소홀해서는 안 되는 이유다.

근검절약을 가훈으로 삼아 보라. 그것이 평생 행복한 삶을 영위하는 밑바탕이 될 것이다.

모든 화는 욕심에서 시작된다

"쓸데없는 욕심을 버리도록 힘써라.

곧바로 형언할 수 없는 만족감과 아울러 행복을 얻을 것이다."

철학자 에픽테토스가 한 말이다. 욕심을 절제하면 마음이 편안하고 행복이 찾아온다는 의미이다.

욕심은 자연스러운 본능이지만 지나치게 되면 삶에 큰 해를 끼치게 된다. 특히 재물이나 권력에 대한 욕심은 반드시 절제할 줄 알아야 한다. 욕심이 지나치면 과오를 범하게 되고, 사사로운 욕심으로 인해 인간관계가 단절되며 결국 자신에게 큰 화를 불러오게 된다.

동서고금을 막론하고 욕심을 자제하지 못한 사람은 대부분 좋지 못한 결과를 맞이하였다. 욕심을 적절히 다스리고 절제된 삶을 영위하는 것이 결국 더 좋은 관계를 형성하고 성공을 이루는 데 초석이 된다.

사업에서도 마찬가지로, 적절한 사업 확장은 기업 발전을 위해서는 필수 불가결한 요소다. 하지만 사회와 국가에 공헌하지 않고 최고 책임자의 사익을 위하여 무리하게 확장하는 것은 기업이 장기적으로 보아 부도나 도산 등으로 많은 사람에게 피해를 주게 되므로 개인의 사익을 위한 문어발식 사업 확장은 철저히 지양하여야 한다.

개인들도 일확천금을 기대하고 과다한 욕심을 부리거나 부도덕하고 불법적인 일에 연루되어 피해를 보지 않도록 유의하여야 한다. 최근 들어 개인들이 지나친 욕심 때문에 정신적 고통과 재산상의 큰 피해를 보는 경우가 많이 발생하고 있다.

불법 투자 자문사의 리딩방에 의한 주식과 선물 투자를 비롯하여 불법 피싱 연루, 불법 다단계 투자, 고수익 부동산 사기 분양 등이 그 사례이다. 날이 갈수록 사기 수법이 교묘해지고 그 피해도 크게 증가하고 있는 관계로, 고수익이란 함정에 빠지지 않도록 특별히 주의를 기울여야 한다.

지나친 욕심으로 인하여 함정에 빠져 피해를 입게 되면, 원상회복까지는 너무나 많은 고통과 노력이 수반된다. 따라서 매사에 절제하고, 고결한 지혜와 강한 통찰력으로 자신의 마음을 다스리는데 혼신의 힘을 다해야 한다.

아울러 공직에 있는 사람들은 양심을 저버리지 않고 정직한 자세를 유지하면서 임무를 수행하여야 하며, 사사로운 욕심을 채우기 위하여 부정직한 일에 연루되거나, 본인의 이익만을 위하여 탐욕을 부리는 행동은 철저히 삼가야 한다.

개인이든 기업의 최고 책임자든 공직자든 자신의 안정적인 발전을 위해서는 사리사욕을 버리고, 공정하고 청렴한 마음으로 자신의 소임을 다하여야 한다. 그럴 때 비로소 불법적인 일이 없어지고 사회가 안정될 것이다. 이것이야말로 참된 근본을 지키는 일이다.

"더 많은 소유는 정신적인 공허함만을 추구할 뿐이다. 정신적인 공허함은 권태의 진정한 근원이다. 끊임없이 흥분할 무언가를 찾아 헤매는 것, 즉 정신과 기분을 달랠 구실을 찾는 것은 과소비와 궁핍으로 이어지는 지름길일 뿐이다. 필요 이상으로 풍족한 것은 오히려 독이다."

쇼펜하우어는 《인생 수업》에서 인간이 필요 이상으로 소유하려는 순간, 만족은 사라지고 공허함만 남게 된다며 이같이 경고했다. 즉, 필요 이상의 소유는 행복이 아니라 오히려 불행의 씨앗이 될 수 있다는 의미이다.

교사로 근무하다가 정년퇴직한 B씨는 정년퇴직 후 마땅히 할 것이 없어서 월세를 받으며 살겠다고 오피스텔 6채를 분양받았다. 그런데 그 오피스텔이 준공되어 입주 시점이 되면서 잔금 납부에 큰 문제가 발생하였다.

대출이 가능하다는 분양팀만 믿고 계약했는데 2채 이상은 대출이 나오지 않았다. 그래서 나머지 4채는 잔금 준비를 못 하여, 하는 수 없이 계약금을 포기하고 일억 원에 달하는 돈을 돌려받지도 못한 채 노후 준비금인 퇴직금만 날렸다. 욕심이 과했기 때문이다.

또 어떤 사람은 대기업에서 퇴직 후 돈을 벌어 보겠다며 카지노에 갔다. 결국 돈을 벌기는커녕 수천만 원 날리고 생활이 어려워지자, 할 수 없이 아파트 경비직으로 취업하여 생계를 이어 가고 있다고 한다.

삶의 원동력이 되거나 동기부여가 되는 정도의 적당한 욕심은 필요하지만, 욕심이 과하면 많은 고통을 받게 된다. 지나친 욕심은 인생을 무의미하게 낭비하게 되고, 쓸데없는 욕망은 불행한 삶을 초래하게 되므로 항상 적당한 선에서 내려놓는 지혜와 결단력이 필요하다.

플라톤은 5가지 행복론에 대해서 이렇게 썼다.

1. 먹고 입고 살고 싶은 수준에서 조금 부족한 듯한 재산

2. 사람이 칭찬하기에 약간 부족한 용모

3. 자신이 자만하고 있는 것에서 사람들이 절반 정도밖에 알아주지 않

는 명예

4. 겨루어서 한 사람에게 이기고 두 사람에게 질 정도의 체력

5. 연설을 듣고서 청중이 절반은 손뼉을 치지 않는 말솜씨

행복이란 과도한 소유나 완전함에 있지 않고, 늘 조금 부족한 상태를 받아들이는 절제와 겸손 속에 있다는 의미이다. 욕심을 비우고 만족할 줄 아는 태도가 곧 행복한 삶으로 가는 길임을 강조한 것이다.

"과욕초화(過慾招禍)"

지나친 욕심이 화를 초래한다는 뜻이다. 욕심이 지나치면 근심이 커지게 되며, 근심은 불행과 고통을 낳는 법이다. 지나친 욕심을 버리고 마음을 잘 다스려 행복한 삶이 영위될 수 있도록 검약하고 절제하는 습관을 기르는 데 전심전력을 다해야 한다.

많이 가지려 욕심내지 마라. 가진 게 많을수록 잃는 것도 많아지는 법이다.

5부

실천하고 결국 부자가 되어라

"아는 것으로는 부족하다.
적용해야 한다.
의도로만 충분치 않다.
실천해야 한다."

괴테

실천 없이는 아무것도 이룰 수 없다

"알고도 행하지 않으면, 실제로는 모르는 것이다.

배우고 실천하지 않으면, 배운 것이 아니다.

이해하고 적용하지 않으면, 실제로는 이해한 것이 아니다.

지식과 이해를 자기 것으로 만드는 길은 실행과 적용뿐이다."

《성공하는 사람들의 8번째 습관》의 저자 스티븐 코비의 명언이다. 어떤 일이라도 실천하지 않으면 성취할 수 없다는 의미이다.

실천은 성공적인 삶을 살아가는 데 있어서 매우 중요한 요소이다. 말로만 하고 실천을 하지 않는다면 성취를 이룰 수 없기 때문이다.

누구나 성공적인 삶을 살아가기 위해서 목표를 세우고 계획을 수립한다. 그러나 계획대로 실천이 잘되지 않는 것이 현실이다. 기업이 다음 연도 사업 계획을 수립하는 것처럼 개인도 일일 계획과 장기 계획을 수립하여 꾸준히 실천하여야 목표를 달성할 수 있다.

필자도 매일 시간 계획표를 짜고 연말에는 다음 해 연간 계획을 세우며 계획적인 삶을 살아가고 있다. 시간 계획표를 세우지 않으면 시간을 무의미하게 보낼 수 있으며, 목표한 일을 성취할 수 없게 된다.

연간 계획도 디테일하게 세워서 꾸준히 실천하고 있다. 실천 내용을 살펴보면 매일 아침 30분 운동하기, 1년 동안 책 300권 읽기, 연금저축 600만 원 저축하기, 노후 준비로 배당 ETF 월급의 10% 투자하기, 매일 두 사람 이상 칭찬하기, 감사 일기 쓰기, 나의 차별화된 브랜드 만들기, 주기적으로 블로그 글쓰기 등이 있다.

"이제 실천하리라. 이제부터 나는 이 말을 매시간, 매일 반복하고 또 반복할 것이다. 그리하여 실천은 마치 숨을 쉬는 것처럼 나의 습관이 되고, 눈을 깜빡이는 것처럼 나의 본능이 되어야 할 것이다."

《위대한 상인의 비밀》의 저자 오그 만디노가 한 말이다. 실천을 반복하면 습관이 되며, 이러한 실천 습관이 성공을 이루는 원천이 된다는 의미이다.

실천은 자신의 발전을 위해서는 할 수 있다는 신념을 가지고 꾸준함이 동반되어야 한다. 필자의 지인은 다이어트로 3개월 이내에 살 10킬로를 빼겠다고 호언장담하였다. 그러나 그는 3일도 지나지 않아 남들이 간식 먹는 모습을 보고 참지 못해 함께 먹었다. 그리고 어떤 지인은 1주일에 책 1권씩 읽겠다고 말했지만 한 달 동안 도서관 근처에도 가지 못하고 TV와 함께 주말을 보냈다고 한다.

이들이 실천을 습관화하지 못하는 이유는 목표 달성을 위한 뚜렷한 계획을 세우지 않았기 때문이다. 자신이 변화고 발전되기를 희망한다면, 계획을 세우고 꾸준히 실천하는 습관을 지녀야 한다.

필자는 5시에 일어나서 30분 운동하고, 1시간 일찍 출근하여 30분 독서하고 30분 업무 준비하는 일을 20년 넘게 실천하고 있다. 그런 덕에 건강한 체력을 유지하면서 정년이 넘는 나이에도 현역으로 활동하고 있고, 아침, 점심시간, 주말을 이용하여 꾸준히 책을 읽은 결과 현재까지 1만 권이 넘는 책을 읽는 성과를 이루었다.

"실천은 핑계를 없애는 것부터 시작하라."

《어떻게 인생을 살 것인가》의 저자 쑤린이 한 말이다. 핑계를 찾는 데 시간을 낭비하지 말고, 방법을 찾아 행동에 옮기라는 의미이다.

"시간이 나면 독서해야지.", "새해엔 금연해야지.", "이제 운동해야지.", "도서관 한번 가 봐야지." 등 말로만 계획을 세울 뿐, 이런저런 핑계를 대며 결국 용두사미로 끝나고 만다. 실행에 옮기지 않으면 성취를 이룰 수 없다.

중국의 빌 게이츠라 불리는 알리바바 창업자 마윈은 "생각보다

실천"을 강조하면서 알리바바를 세계적인 전자 상거래업체로 키웠
다. 잘못된 과정이라도 우유부단한 것보다 실천하고 문제를 수정
하는 것이 더 발전적임을 보여 주는 사례다.

"시간이 나면 하겠다." 말로만 하면, 그 시간은 영원히 돌아오
지 않는다. 핑계보다 훨씬 좋은 일은 실천이다. 즉각, 당장 실천
하라.

투자 지식을 쌓아 부자가 되라

우리는 의학 기술의 발달로 대망의 100세 시대에 살고 있다. 60세 정년을 가정한다고 하더라도 40년이란 긴 세월이 기다리고 있다. 그런데 평생직장 개념이 깨진 지 오래다. 평생 현역이 될 수 있도록 직장에 다니면서 금융 상품과 부동산에 대하여 공부하고 투자하는 습관을 길러 은퇴 후를 대비하여야 한다.

로버트 기요사키는 《부자 아빠 가난한 아빠》에서 다음과 같이 말했다.

"부자가 되려면 투자에 대해 배워야 한다.
단순히 돈을 벌기만 해서는 안 된다."

이는 돈을 많이 버는 것보다, 번 돈을 어떻게 굴릴 것인지를 배우는 것이 너 중요하다는 뜻이다. 그렇다면 투자의 종류에는 어떠한 것들이 있을까? 투자에는 주식, 펀드, 연금저축, 채권, 외화,

금, 파생 상품과 수익형 부동산 등 다양한 방법이 있다.

　이처럼 선택지는 많지만, 실제로 재테크를 실천하는 사람은 많지 않다. 그 이유를 물어보면 대부분 시간과 돈이 없어서라고 말한다. 그러나 자투리 시간을 활용해 월급의 흐름을 점검하고 관리하는 것만으로도 재테크는 충분히 시작할 수 있다. 결국 재테크의 성패는 여건의 문제가 아니라 관심과 실천의 문제라고 할 수 있다.

　필자는 직장 생활을 하면서 재테크에 많은 관심을 갖고 꾸준히 공부한 결과, 현재 올웨더(All Weather) 포트폴리오를 구축하고 있다.

　올웨더 포트폴리오란 세계적인 투자가 레이 달리오가 제시한 자산 배분 전략으로, 경기의 흐름과 관계없이 모든 시장 상황에 대응할 수 있도록 주식, 국채, 금, 원자재 등에 분산 투자하는 방식이다. 최근에는 원자재 대신 유틸리티 자산을 포함해 포트폴리오를 구성하는 추세도 나타나고 있다.

　필자는 해외 펀드와 소형아파트 투자로 원금 대비 50%가 넘는 수익을 실현한 바 있다. 현재에도 노후를 대비하여 연금저축과 고배당 ETF, 달러, 금, 수익형 부동산 등에 분산 투자하며 다양한 연금 파이프라인을 만들고 있다.

　필자의 올웨더 포트폴리오를 살펴보면 다음과 같다.

[올웨더 포트폴리오 예시]

(2026년 1월 기준)

구분	투자 비율(%)	종목
성장 ETF	10	SPY, KODEX 200
개별 고배당주	20	현대차 2우B 외 2개 종목
고배당 ETF	30	JEPQ 외 5개 종목
고배당 채권 ETF	20	TLTW 외 2개 종목
금	10	ACE KRX 금현물
유틸리티	5	XLU, VPU
외화	5	달러, 엔화

투자 비율은 경제 사정에 따라 유동적으로 운용 중이다. 바쁜 직장인이 직접 투자하여 수익을 내기란 쉬운 일이 아니다. 더욱이 주식은 상승장과 하락장 모두 신경 쓰게 되므로 직접적인 투자보다는 펀드나 고배당 ETF 등 간접 투자를 하는 것이 안정적이고 효과적인 투자 방법이 될 수 있다.

최근에는 연 10% 이상의 배당 수익률을 추구하는 고배당 ETF가 다양하게 출시되고 있다. 매월 월급의 일정 부분을 꾸준히 투자한다면, 은퇴 시 제2의 연금으로서 기능을 충분히 발휘할 것으로 기대된다.

부동산의 경우, 입지가 좋은 핵심 아파트는 꾸준히 상승세를 보인다. 입지가 양호한 지역에서 적절한 타이밍에 소형 아파트 위주로 투자하면, 임대 수익뿐 아니라 자산 상승의 효과도 기대해 볼 수 있다. 부동산은 경제와 정책의 영향을 많이 받지만, 서울이나 개발 이슈가 있는 지역에서는 지속해서 상승세가 이어지고 있으므로 지속적인 관심과 공부가 필요하다.

미래학자들은 2050년대에는 기존 직업의 대부분을 인공지능이 대신할 것으로 예측하고 있으며, 토머스 프레이는 2030년대에는 지구상에서 수십억 개의 일자리가 사라질 것이라고 전망하고 있다. 시간이 갈수록 AI와 첨단 시스템이 발달하여 일자리가 없어진다는 뜻이다.

일자리는 감소하고 은퇴 연령은 지속적으로 빨라지고 있으므로 개인은 직장 생활을 하든, 사업을 하든 투자를 병행하는 습관을 길러야 급변하는 환경에서 언제 어떠한 위기가 닥쳐오더라도 안전한 삶을 영위할 수 있다. 저금리 시대에 은행 적금만으로는 충분한 자산을 불릴 수 없으며, 국민연금만으로는 안정된 노후가 보장되지 않는 것이 현실이다.

투자의 대부 앙드레 코스톨리나는 《돈, 뜨겁게 사랑하고 차갑게 다루어라》에서 다음과 같이 말한다.

"돈이 많은 사람은 투자할 수 있다. 돈이 적은 사람은 투자하지 말아야 한다. 그렇지만 돈이 아예 없는 사람은 반드시 투자해야 한다."

자산이 많지 않을수록 돈이 일하게 만드는 구조를 만들지 않으면 현실을 벗어나기 더욱 어렵다는 의미이다.

전문가들은 아무 데도 투자하지 않는 것이 가장 큰 위험이라고 말한다. 저축만으로는 부자가 될 수 없다는 뜻이며, 우유부단한 사고로는 노후 준비를 제대로 할 수 없다는 말이다.

투자에 앞서 공부도 중요하다. 부동산이든, 주식이든 아무것도 모르는 상태에서 무작정 투자했다가는 실패할 수 있으므로 사전에 공부를 철저히 하여야 성공할 수 있다는 것을 명심해야 한다.

내 주변에는 기획부동산에 속아서 좋지 않은 땅을 고가에 매입하거나 고수익 광고 유혹에 빠져 수익형 부동산을 고가에 분양받아 장기간 공실이 되어 대출 이자만 감당하는 피해자들이 있다. 또한 주식 투자로도 많은 자산을 손해 본 사람이 상당수 있다.

필자가 다년간의 실전 경험을 바탕으로 노후 대비를 위한 부동산 투자처를 분석해 보면 상가나 레지던스, 지식형 산업 센터, 오피스텔, 다가구, 토지보다는 핵심 지역의 역세권 소형아파트가 가장 안정적인 투자 상품으로 판단된다.

주식 투자는 개별 종목을 투자하게 되면 수시로 시세를 봐야 하고 주가의 변동 폭에 따라 스트레스도 많이 받게 되므로 시황이나 시세의 흔들림에 신경 쓰지 않아도 되는 고배당 ETF 등 간접 상품에 투자하는 것이 최고 투자 방법이라 할 수 있다.

"투자의 기본은 자신이 잘 아는 분야에서 시작하는 것이다."

세계 3대 투자가 짐 로저스가 한 말이다. 투자하려면 그 분야에 대해 철저히 공부해야 실패하지 않는다는 의미이다. 어떤 투자든 공부는 필수 요소이다. 잘 알아야 자신감도 생기고, 처음에 실패하더라도 포기하지 않고 도전하는 용기가 생기는 것이다.

자산을 늘리려는 노력은 단순히 돈을 많이 벌기 위함이 아니라, 더 가치 있는 삶과 풍요로운 노후를 준비하기 위한 과정이다. 기회는 준비된 사람에게 더 많이 주어진다.

투자의 대가 워런 버핏은 11살 때부터 투자를 시작했으며 더 일찍 투자하지 않은 것을 후회한다고 했다. 행복하고 풍요로운 삶을 위해서는 한 살이라도 젊을 때 투자에 대한 지식을 쌓고, 적은 금액이라도 꾸준히 다양한 투자를 실행하는 습관을 갖는 것이 무엇보다 중요하다.

대부분의 자수성가한 사람의 특징은 다음과 같다.

- 빈손에서 시작했다.

- 절약 정신이 몸에 배어 있다.

- 필요한 곳에는 과감히 쓴다.

- 올바른 선택과 집중을 한다.

- 최고의 스승은 좋은 전문가와 좋은 책이라고 여긴다.

워런 버핏은 보유 자산이 수십억 달러에 이르는 투자자이지만, 그 재산의 90%를 60세 이후에 이루었다. 그래도 투자는 위험하다고 경제 공부를 게을리하면서 계속하여 우유부단하겠는가?

돈 버는 법, 늘리는 법, 지키는 법

인생을 살아가면서 돈을 벌고 돈을 늘리고, 돈을 지키는 방법은 매우 중요한 일이다. 그런데 대부분의 사람들이 돈을 버는 데만 집중한 나머지, 돈을 늘리고 지키는 데는 소홀하여 큰 부를 형성하지 못하는 경향이 많다. 돈 벌고, 늘리고, 지키는 세 가지 방법에 대하여 자세히 알아보자.

• 돈 버는 법

돈 버는 방법에는 근로소득과 재테크를 이용하는 방법이 있다. 두 가지에 대하여 알아보자.

첫 번째, 눈높이를 낮추어라.
근로소득을 얻기 위해서는 하루라도 빨리 취직해야 한다. 대부분 실업 상태에 있는 사람을 보면, 대기업 또는 편한 직종만 찾느라 몇 년씩 취업을 못 하고 있다. 중소기업이라 하여 성공 못 하는 법도 없다. 경력을 쌓고 탁월한 기술을 가지게 되면 얼마든지 승승장구할 수 있다. 첫술에 배부르지 않더라도 하루라도 일찍 취업하여 경력을 쌓고 경제적으로도 차근차근 부를 쌓아 나가라.

두 번째, 재테크 전문가가 되어라.

근로소득 외에 돈을 버는 방법에는 주식이나 채권, 금, 비트코인, 부동산 투자 등 다양한 방법이 있다. 재테크를 하기 위해서는 우선 공부를 철저히 하여야 실패를 예방할 수 있다. 이를 위해서는 관련 서적을 20권 이상 읽고, 전문가를 만나서 자주 상담하는 것이 좋다.

개인이 마음 편하게 투자할 수 있는 것은 펀드나 고배당 ETF, 채권, 금 현물 등이다. 특히 고배당주에 투자하면서 배당금을 찾지 않고 재투자하는 토털 리턴(Total Return) 방식으로 투자하면, 복리의 효과도 노릴 수 있다는 장점이 있다.

부동산은 비교적 큰돈이 있어야 투자가 가능한데, 능력이 되면 역세권 소형아파트를 사서 임대 수익을 창출하라.

초고령화 시대 연금 소득을 많이 만들어야 안정된 노후를 준비할 수 있다. 부동산이나 주식 투자에서 큰 욕심을 부리면 오히려 큰 손실을 보는 경우가 있으므로 무엇보다 안정적으로 꾸준히 수익을 내는 것이 최고의 투자 방법이다.

투자는 위험하다는 고정 관념을 버리고 경제 공부를 하고 실전 경험을 쌓으면서 안전한 재테크를 꾸준히 하면 누구나 돈을 벌 수 있다. "나는 부자가 될 수 있다."라는 목표 의식을 가지고 지속적인 노력을 하기 바란다.

• 돈 늘리는 법

돈을 벌면 돈을 늘리는 법도 배워야 한다. 저축도 중요하지만, 초저금리 시대에 1%라도 더 많은 수익을 창출하도록 다양한 방법을 구축하여야 한다.

통상적으로 전문가들은 올웨더(All Weather) 방식을 많이 추천한다. 앞서 설명하였듯, 경제 환경 변화에 대응할 수 있도록 주식, 채권, 원자재, 금 등에 분산 투자하는 것을 말한다. 안정적인 투자에 적합하다.

필자도 현재 다양한 분야에 분산 투자를 하고 있다. 계란을 한 바구니에 담지 말라는 말이 있듯이 배당주와 연금저축, 연금보험, 금, 외화, 임대 소득 등으로 분산하여 위험을 줄이면서 안정적으로 투자하는 데 집중하고 있다.

개인이 쉽게 돈을 늘리는 방법은 S&P500 등 성장주나 고배당 ETF 등 간접 투자 상품에 투자하는 것이다. 미국 고배당 ETF에는 JEPQ, TLTW 등이 있고, 국내 고배당 ETF 같은 경우는 매월 10%가 넘는 배당금을 지급하므로 주가 하락을 방어하면서 높은 수익을 창출할 수 있는 투자 전략이 될 수 있다.

연금저축도 600만 원까지 세액공제가 된다. 매년 최대한 한도까지 불입하여 세액공제를 받으면서 고배당 ETF에 투자하면, 노후에 큰 연금 자산이 될 수 있다. 따라서 황금알을 낳는 거위인 연금저축에 필히 가입하기를 권유한다.

부동산은 큰돈이 있어야 투자가 가능한데, 능력이 되면 역세권 소형아파트를 사서 임대 수익을 창출하는 것이 가장 안전한 방법이다.

초저금리 시대에 은행 예금 이자보다 훨씬 높은 수익을 창출할 수 있는 혜안을 가지는 것이 현명한 투자가가 되는 길이다. 투자는 위험하다는 고정 관념을 버리고, 경제 지식을 쌓고 워런 버핏처럼 장기 투자를 하면 누구나 경제적 자유를 이룰 수 있을 것이다.

• 돈 지키는 법

돈을 벌고 돈을 늘린 후에는 돈을 안전하게 지키는 일이 무엇보다 중요하다. 돈을 아무리 많이 벌고 잘 굴려도 지키는 방법을 모르면 무용지물이 되기 때문이다. 최근에는 각종 피싱 수법이 고도로 발달하여 주의하지 않으면 큰 피해를 볼 수 있으므로 안전하게 지키는 데 만전을 기해야 한다. 돈을 안전하게 지키는 법에 대하여 자세히 알아보자.

첫 번째, 자금 사용 계획을 세우고 기록하는 습관을 가져라.

돈을 벌면 명품이나 충동 구매 등의 과소비를 막아야 한다. 과소비는 대부분 자금 사용 계획을 세우지 않기 때문에 발생한다.

필자는 일일 자금 사용 계획을 비롯하여 월별 자금 사용 계획, 연간 자금 사용 계획을 세워서 돈 관리를 철저히 하고 있다. 자금 사용 계획이 없게 되면 아무 때나 충동적으로 불필요한 물건을 사게 되고, 잦은 술자리 등으로 지출을 많이 할 수밖에 없게 된다.

아무리 바쁜 삶이라 할지라도 목표를 세우고 지출 계획을 수립하여 기록하는 습관을 가져야 한다. 기록은 스스로를 통제하는 가장 좋은 방법이다.

두 번째, 저축하는 습관을 가져라.

저금리 시대라도 저축하는 습관을 가져야 큰돈을 모을 수 있다. 매월 소득에서 저축과 투자 금액을 분배하여 꾸준히 실천해 보라. 저축을 하여야 종잣돈이 마련돼 좋은 기회가 오면 집도 구입할 수 있고, 사업 밑천으로도 활용할 수 있다. 현재의 쾌락만을 위하여 미래를 소비하지 마라.

세 번째, 고수익 광고에 현혹되지 마라.

주변에 보면 고수익에 속아 사기당하는 사례가 많은데, 특별히 주의를 기울여야 한다. 사기의 종류에는 레지던스나 지식 산업센터, 오피스텔, 상가 등을 고수익이나 확정 수익이라고 광고하여 고분양가에 떠넘기고 사라지는 수법과 피싱, 리딩방을 통하여 주식이나 코인 투자 방에 유인하여 사기를 치는 방법 등이 있다.

네 번째, 명품이나 고가 자동차를 할부로 구입하는 것을 자제하여야 한다.

어떤 사람은 자기 명의의 집도 없으면서 비싼 외제 차를 할부로 구입하여 월급 대부분을 쏟아붓는 사람도 있다. 겉멋이 영원한 행복을 안겨 주지는 못한다. 아무리 명품이라도 시간이 지나면 중고가 되고 지루하게 느껴지게 마련이다. 명품에 목매지 마라. 명품 사는 돈을 아껴서 고배당 주식에 투자하라. 평생 행복한 삶이 될 것이다.

　다섯 번째, 과다한 사교육비를 줄여라.

　최근에는 자녀가 학원 서너 군데를 다니는 것이 기본처럼 여겨지고 있다. 그러나 과다한 사교육비 지출로 인하여 정작 본인의 노후 준비를 제대로 하지 못하는 경우가 많다. 노후에 가장 비참한 것은 돈이 없는 상태라는 사실을 반드시 기억해야 한다.

　필자가 다니는 회사의 한 직원은 자녀가 고등학생인데 중학교부터 학원 한번 보낸 적이 없다고 한다. 그래도 성적이 상위권을 유지하고 있다고 한다. '남들이 하니까'라는 생각으로 고액의 사교육비를 지출하다 보면 남는 것은 후회뿐이다. 지나친 사교육비가 나의 노후를 망친다는 사실을 기억하자.

　여섯 번째, 적은 돈도 소중히 다루어라.

　동전이나 몇천 원은 대수롭지 않게 여기는 사람이 많다. 적은 돈이라 하여 크게 신경 쓰지 않는 습관 때문이다. 적은 돈을 소중히 여겨야 큰돈을 잘 관리한다.

　커피 한 잔, 담배 한 갑, 수시로 시켜 먹는 배달 음식. 사소한 비용 같지만, 일주일이면 몇만 원이 되고 한 달이면 몇십만 원이 된다. 모두가 사소한 비용이라고 여기는 생각 때문에 잦은 지출을 통제하지 못하는 것이다.

나는 매월 한 번씩 모아 둔 동전을 은행에 가서 통장에 입금한다. 귀찮아도 저축하는 습관을 기르기 위해서이다. 모든 것은 습관이다. 적은 돈이 모여서 큰돈이 되니 소중히 다루자.

일곱 번째, 과다한 욕심을 버려라.

로또에 당첨되어도 돈 관리 잘못하면 한순간에 빈털터리로 전락하며, 부자도 돈 관리 잘못하면 어느 순간 비렁뱅이가 된다.

몇십억을 가진 부자들이 카지노에서 일확천금의 욕망에 사로잡혀 돈을 거의 잃고 벼락 거지로 전락하는 사례가 뉴스에 보도된 적이 있다. 이렇듯 도박이나 경마, 게임 등에 빠지면 중독이 되어 빠져나오기가 어렵다. 한두 번은 벌 수도 있지만, 결국에는 재산을 탕진하게 된다.

필자 지인 중 한 명은 퇴직금으로 다단계에 뛰어들어 사기꾼에게 속아서 퇴직금을 거의 다 탕진하고 아파트 경비원으로 근무하고 있다. 과도한 욕심이 재앙을 부른 사례이다.

"무릇천금(無慾千金)"

욕심이 없으면 천금과 같다는 의미이다. 과다한 욕심을 버려야 편안한 마음으로 행복한 삶을 살아갈 수 있다.

여덟 번째, 증여는 한꺼번에 하지 마라.

노후에 가장 비참한 것은 돈이 없는 것이다. 돈이 없으면 자식 눈치를 보게 되고, 자존심에 큰 상처를 입게 되기 때문이다. 초고령화 시대 안전한 노후를 보내기 위해서는 재정 관리를 철저히 하여야 한다.

자녀 결혼이나 자녀 사업, 자녀 집 마련 모두 물론 중요하겠지만, 그보다 더 중요한 것은 자신의 노후 비용이다. 아무리 급박해도 노후 비용까지 증여하여 후회하는 일이 없도록 하여야 한다.

아홉 번째, 돈거래 하지 마라.

아무리 가까운 사이일지라도 돈을 빌려주게 되면, 좋은 일보다 안 좋은 일이 많이 생기는 것이 사실이다. 아무리 적은 금액이라도, 빌려줄 때는 좋은 마음으로 빌려주지만 빌려주고 나면 마음이 불편하고 후회하게 되는 것이 돈이다.

"돈은 빌리지도 꿔 주지도 마라. 돈도 친구도 다 같이 잃는다."

셰익스피어가 한 말이다. 돈거래를 잘못하게 되면 돈과 친구를 함께 잃는다는 의미이다. 그만큼 돈거래는 하지 않는 것이 좋다.

열 번째, 분산 투자하라.

분산 투자를 해야 하는 이유는 한 곳에서 손실이 나더라도 다른 곳에서 만회가 가능하기 때문이다. 부동산, 예금, 주식, 금, 외화 등에 적절히 배분하여 투자하면, 한 분야에 투자하는 것보다 안전하게 돈을 지킬 수 있다.

우리가 열심히 일하는 목적은 더 가치 삶을 영위하고자 함이다. 더 가치 있는 삶은 마음의 평화, 안정된 일과 함께 적당한 부의 축적이 반드시 필요하다. 이를 위해서는 돈 버는 법, 돈 늘리는 법, 돈 지키는 법에 대하여 철저히 공부하고 배워야 한다.

가장 중요한 것은 돈을 지키는 것이라 할 수 있다. 평소 가계부를 작성하고 자금 사용 계획서에 의거 재정 관리를 철저히 하는 것이 핵심이다.

워런 버핏은 돈 관리의 핵심으로 소비를 절제하고, 예비 자금을 마련하며, 장기적인 저축과 투자를 지속하고, 무엇보다 자기 자신에 대한 투자를 게을리하지 말아야 한다고 강조했다. 과소비를 절제하고, 공부하고 투자를 통하여 부를 축적하라는 뜻이다.

인생에 늦은 때란 없다. 당신이 아직 목표가 없다면 부를 축적하는 목표를 세우고 그 목표를 이루는 데 전념하라.

첫 직장부터 노후를 준비하라

“준비하지 못한 것은 실패를 준비한 것이다.”

벤저민 프랭클린이 한 말이다. 그의 말처럼, 수명이 길어질수록 노후 준비는 선택이 아니라 반드시 갖추어야 할 생존 전략이 되었다.

우리는 지금 그 어느 때보다 평생 월급이 필요한 시대, 즉 100세 시대에 살고 있다. 초고령화 시대는 아직 아무도 살아 본 적이 없는 영역이기에 과거와 같은 막연한 노후 준비가 아니라, 현실에 맞는 새로운 준비가 필요하다.

과거엔 평균 수명이 길지 않았다. 1970년대만 하더라도 우리나라 국민의 평균 수명은 고작 70세에 불과했다. 하지만 2024년 기준 우리나라 평균 기대 수명은 84.4세에 이른다. 게다가 가장 많이 사망하는 나이를 나타내는 최빈 사망 연령은 90세에 근접하고 있다. 수명은 해가 갈수록 길어질 것으로 전망된다. 과거엔 장수가 축복이었지만, 지금은 축복이 아니라 재앙이 될 수 있다.

일본도 한때 단카이 세대(1947~1949년에 출생한 세대)가 일시에 은퇴하면서 빈곤, 질병 등으로 노후 파산이란 이슈가 사회적 문제가 되어 다큐멘터리로 엮어 방송되기도 했었다. 2025년 현재에도 이들 단카이 세대 중 65세 이상이 29.6%로, 급격한 노동력 감소와 더불어 의료·간병 등 사회보장 부담이 크게 증가되어 사회적 위험이 지속되고 있다고 한다.

우리는 AI, 빅데이터, 사물인터넷과 더불어 100세 시대에 살고 있지만, OECD 국가 중 노인소득 빈곤율이 가장 높고, 700만 베이비붐 세대가 본격적으로 은퇴를 하고 있어 노후에 대한 불안감이 지속되고 있다.

게다가 은퇴 시기도 점점 빨라져 40대에도 은퇴하는 사례도 점점 늘어나는 추세다. 이러한 조기 은퇴는 노후 준비가 되지 않은 상황에서는 큰 충격이 될 수밖에 없다.

2024년 통계청 가계 금융 복지 조사에 의하면, 은퇴 후 부부 기준 적정 생활비는 매월 336만 원이라고 한다. 우리나라의 사회 보장 제도는 아직 선진국에 비해 많이 뒤떨어져 있는 상태로, 100세 시대에 개인적으로 충분한 노후 준비가 되지 않는다면 노후 파산을 피할 수 없는 게 현실이다.

풍요로운 노후를 위해서는 첫 직장부터 적극적인 투자와 노후 준비를 병행해야 한다. 20~30대 1년의 투자 효과는 40~50대의 10년과 맞먹기 때문에 하루라도 빨리 젊어서 투자 공부를 하고 기반을 쌓아 놓아야 은퇴 후에도 안정된 삶을 영위할 수 있다.

어떤 사람은 퇴직 전 5년이 골든 타임이라 하여 그때 노후를 준비해도 된다고 하는데, 지금은 AI 시대다. 하루가 다르게 변화되고 있고, 평생직장 개념이 깨진 지 오래되었기에 사회 초년생부터 노후 준비를 시작하여야 한다.

노후 준비 방법으로 직장인의 알토란같은 재테크 8가지 지혜에 대하여 알아보자.

• 저축하는 습관을 가져라

저축은 월급 일부분을 무조건 저축하는 습관을 가져야 한다. 투자를 하든, 내 집 마련을 하든 종잣돈이 있어야 가능하고 저축 없이 부자가 될 수 없기 때문이다.

• 연금저축에 가입하라

연금 저축은 소득이 있는 경우라면 세액공제가 가능하므로 근로소득자는 누구나 필수적으로 가입하여야 하는 상품이다. 지금은 고배당 ETF도 투자가 가능하므로 직장인에게는 최고의 상품이라 할 수 있다.

• 주식은 배당 ETF에 가입하여 장기 투자하라

개별 종목보다 배당 ETF에 가입하여 제2의 연금 마련 계획으로 장기 투자하라. 월 배당 상품에 가입하여 배당금으로 재투자하면 복리로 운용이 가능하므로 노후에 큰 연금 자산이 된다.

개별 종목의 경우, 개인이 기관이나 외국인을 상대하여 수익을 내기가 쉽지 않으며 신경도 많이 써야 되므로 직장인이 투자하기엔 적합하지 않다.

지금은 ETF 투자 시대이다. 고배당 ETF 투자로 연금 마련에 전념하는 것이 최고의 주식 투자 방법이 될 수 있다.

• 우리 가족의 보금자리인 내 집을 마련하라

종잣돈이 모이면 무엇보다 내 집 마련에 집중하라. 내 집이 있어야 이사 다니는 번거로움을 피할 수 있고, 부동산 투자의 경험도 얻을 수 있다.

• 분산 투자하라

예로부터 계란은 한 바구니에 담지 말라는 말이 있듯이 부동산, 주식, 예금, 채권, 금, 외화 등에 적절히 분산 투자해야 한다. 그래야 위험한 상황이 발생하더라도 손실을 최소화할 수 있고, 안정적인 투자 성과를 올릴 수 있다.

• 실비보험 한 가지는 필수적으로 가입하라

보험은 불시에 찾아오는 사고와 질병을 대비하기 위하여 가입해야 한다. 여러 가지 보장을 꼼꼼히 분석한 후에 가입하도록 하라.

• 고수익, 고위험 투자의 함정에 빠지지 마라

고수입 취업 사기나 고수익 투자 등 사기 행각에 빠지지 않도록 유의하여야 한다. 내 주변에 보면 다단계나 리딩방 등에 속아서 사기를 당한 사람이 한둘이 아니다. 고수익이라는 숫자에는 항상 함정이 숨어 있다는 것을 명심하라.

• 경제 공부는 빠를수록 좋다

부를 축적하려면 하루라도 빨리 기본적인 경제 공부를 하여야 한다. 부동산이든, 주식이든, 안정적인 투자를 위해서는 책을 읽고 경제 지식을 쌓으면서 적은 금액으로 직접 투자해 보는 것이 가장 좋은 방법이다. 여건이 된다면 전문가와 상담을 하는 것도 좋다.

필자도 직장 생활을 하면서 항상 재테크를 병행하여 왔다. 신혼 시절 치솟는 전셋값으로 불안한 마음에 일찍부터 재테크와 노후 준비에 눈을 떴다. 부동산 투자는 소형 아파트와 분양권, 상가를 위주로 반복 투자하였고, 금융 분야에도 매월 적립식으로 연금저축과 고배당 ETF 등에 지속적으로 투자하고 있다.

물론 투자 과정에서 성공만 한 것만은 아니다. 40대 초반 주식 투자로 큰 손해를 본 경험도 있다. 과도한 욕심으로 신용과 미수를 이용, 단타 매매를 하여 원금의 50%를 손실 본 경험도 있다. 그런 아픈 경험이 있는 관계로 실수를 교훈으로 삼아 지금은 직접 투자 보다는 간접 투자로 금융 자산을 운용하고 있다.

"선즉제인(先則制人)"

먼저 준비하는 자가 주도권을 쥔다는 뜻의 사자성어다. 노후 준비 역시 마찬가지다. 늦게 시작한 사람은 따라잡기 어렵고, 먼저 준비한 사람이 인생 후반전의 주도권을 갖게 된다.

인생은 크게 전반전과 후반전으로 나누어 볼 수 있다. 인생 전반전은 은퇴 시기까지 부모와 가족을 위해 헌신하며 살아가는 시간이라면, 후반전은 은퇴 이후 자신이 원하는 삶을 살아가는 시간이다. 인생 후반전을 취미와 여유, 행복으로 채우기 위해서는 젊었을 때부터 노후 준비를 철저히 하여야 한다.

미래 전문가들은 2050년대가 되면 인간의 수명이 120살로 늘어날 것으로 전망하고 있다. 이러한 장수 시대에 노후 준비는 무엇보다 중요한 대목이다. 노후 준비는 연령을 따질 필요 없이 한 살이라도 젊었을 때 시작하는 것이 최선의 방책이다.

"당신의 노후는 당신의 부모와 다르다."

트러스톤자산운용 연금교육포럼 강창희 대표는 이 말을 통해, 부모 세대의 경험을 그대로 따라가는 노후 준비가 더 이상 유효하지 않다는 점을 강조했다. 그는 기대수명이 크게 늘어난 100세 시대에는 준비 없이 오래 사는 것 자체가 하나의 위험이 될 수 있으며, 은퇴 이후에도 가능한 한 현역의 삶을 유지하는 것이 최고의 노후 준비라고 했다.

지금은 과거와 달리 수명이 해가 갈수록 길어지고 있어, 은퇴 후의 인생 후반기가 현역 시절보다 더 길어질 수도 있다. 노인이 노인을 부양해야 하는 구조 속에서, 은퇴 이후의 삶은 인생에서 가장 중요한 시간이 될 수밖에 없다.

100세 시대 첫 직장부터 자신의 역량을 키우는 것은 당연하다. 공적 연금 외 각종 개인 연금을 비롯하여 배당 연금 등 다양한 소득이 창출될 수 있도록 적극 투자하고 설계하여 은퇴 후에도 고정적으로 소득이 창출될 수 있도록 하여야 허송세월에 대한 후회 없이 안정적인 노후를 보낼 수 있다.

통계에 의하면, 우리나라의 일반 직장인 중 조기 은퇴의 평균 연령은 49세라고 한다. 희망 은퇴 나이는 62.8세인 데 반하여 실제 조기 은퇴하는 사람이 훨씬 많은 것이 현실이다.

젊어서 노후 준비에 대한 철학 없이 막연한 생각으로 노후 준비를 소홀히 하고 과소비나 쾌락만을 즐기다 보면, 순식간에 50대에 이르게 된다. 그렇게 준비 없는 조기 은퇴의 현실이 눈앞에 닥치게 될 수 있다. 고가 자동차나, 명품, 과도한 사교육비, 지나친 해외 여행 등 과소비를 줄이고 절약하는 습관으로 자기 계발과 노후 연금 투자에 총력을 기울여야 한다.

워런 버핏은 억만장자이면서 매우 절약하는 습관을 지녔다고 한다. 4천만 원짜리 주택에 수십 년 동안 거주하면서 불평하지 않았으며, 자동차도 중고를 선호하고, 옷 또한 서민들과 다르지 않은 옷을 입고 검소한 생활을 한다고 한다. 그는 부자가 아니면서 겉멋만 부리는 사람들과는 달리 절약하면서 매일 독서를 하고 새로운 것을 찾아 자신만의 투자 기법을 탄생시켜 오늘날 세계적인 부자의 반열에 올라선 것이다.

직장에서 직원들에게 노후 준비를 하고 있느냐고 질문하면, 대부분은 막연히 "어떻게 되겠지."라고 대답한다. 참으로 위험한 생각이 아닐 수 없다.

정부 발표에 의하면, 2025년 기준 국민연금 수령자 1인당 평균 연금 수령액이 67만 원이라고 한다. 이 연금으로는 안정된 노후 생활을 할 수 없는 것이 현실이다. 심각하게 고민하고 준비하지 않으면 노후 파산을 피할 수 없을 것이다.

"인간은 자신에게 이익이 되지 않으면

언제든지 배신하고 떠난다."

철학자 쇼펜하우어는 인간관계의 이면에 존재하는 이해관계의 속성을 이렇게 지적했다. 세월이 흐를수록 가까웠던 관계가 느슨해지거나, 이해관계에 따라 멀어지는 경험을 하게 되는 경우도 적지 않다는 의미이다.

노후엔 자녀나 친구와의 관계가 소중하지만, 모든 삶의 문제를 대신 해결해 줄 존재가 항상 곁에 있기를 기대하기는 어렵다. 결국 노후의 삶은 스스로 감당해야 할 영역이 점점 늘어날 수밖에 없다.

나이가 들수록 병원비는 증가하며, 생각지도 않은 일들이 많이 발생한다. 이 때문에 보다 적극적으로 노후 준비에 힘써야 한다. 돈 때문에 자존감이 상실되거나 비참한 인생이 되지 않도록, 보다 현실적이고 안정적인 노후 설계를 미리 해 두어야 한다.

대부분의 은퇴자가 가장 후회하는 것이 젊어서 노후 준비를 제대로 하지 않은 것이라고 한다. '돈은 어떻게 되겠지.'라든가 '아직 시간 많아. 나중에 해도 돼.'와 같은 막연한 생각으로 노후 준비를 소홀히 하게 되면, 노후 파산을 피할 수 없게 된다.

당신의 노후는 누구도 대신해 주지 않는다. 지금, 이 순간 당장 노후 준비에 돌입하라.

버핏처럼 투자하고 멍거를 곁에 두어라

2024년 겨울, 지인 B씨는 다시는 주식 투자를 하지 않겠다고 선언했다. B씨는 단타 매매로 수천만 원 정도 손실을 보았다고 했다.

그는 금융기관에서 20년 정도 근무하다가 명예퇴직하여 마땅히 할 일이 없는 관계로 주식 투자를 본격적으로 시작하여 1년 정도 전업투자자로 활동하면서 처음에는 수익을 내기도 했다고 했다.

금융기관에서 근무했기 때문에 약간의 지식이 있었던 관계로 아무런 걱정 없이 저가주나, 테마주 위주로 초단타 매매를 하였고, 결국 큰 손실을 본 것이다.

지인이나 주변 동료들이 주식 하는 것을 보면, 사전 지식 없이 헛된 욕심을 가지고 투자하는 경우가 많다. 지식과 실전 경험이 부족하면 잘 알지 못하는 종목에 대하여 저가주라고 매매하여 상장폐지당하고, 테마주라고 추격 매수하여 손실을 보는 경우가 많은 게 사실이다.

또한 주변 사람들이 추천하여 무작정 매매하였다가 손실을 보거나, 대형 호재가 있다는 허위 보도에 속아 매수하였다가 큰 손실을 보는 경우도 있다. 이뿐만이 아니라, 손절매를 제때 하지 못하여 장기간 묶여 있는 경우도 많은 것이 현실이다.

투자에 관한 공부를 하지 않고 얕은 지식만으로 주식 투자를 하는 사람 대부분은 처음에는 약간의 수익을 낼 수는 있지만, 시간이 지날수록 과욕으로 인하여 무리하게 미수나 신용 등을 사용하여 결국 손실을 보는 경우가 허다하다.

현대 투자 세계에서 가장 성공한 투자자로 평가받는 워런 버핏은 11살 때부터 주식을 시작했다고 한다. 그의 주식 투자 철학을 살펴보면 다음과 같다.

• 자신이 아는 것에만 투자한다

워런 버핏은 투자 대상 기업의 경영진, 매출과 영업이익의 성장성, 경쟁력, 그리고 장기적인 지속 성장 가능성을 충분히 이해한 뒤 투자해야 한다고 강조한다. 즉, 사업 구조를 명확히 이해할 수 있는 기업 가운데 가치에 비해 저평가된 종목에 투자한다는 원칙이다.

• 복리의 마법을 활용하라

그는 배당을 꾸준히 지급하고, 매년 배당금이 지속적으로 증가하는 가치주에 투자해 배당금을 현금화하지 않고 재투자함으로써 보유 주식 수를 늘려 가는 전략을 중시했다.

대표적인 사례가 그가 4억 주 이상 보유하고 있는 코카콜라다. 워런 버핏은 코카콜라 주식을 여러 차례에 걸쳐 평균적으로 약 3.25$에 매입한 것으로 알려져 있으며, 2025년 3월 기준 주가는 70달러에 거래되고 있다. 이에 따라 미실현 수익은 약 268억 달러에 달하고 수익률은 2,059%에 달한다고 볼 수 있다.

또한 그는 배당금도 1994년에 약 7,500만 달러를 받았으나 2024년에는 7억 7,600만 달러로 증가했다고 하니, 지난 30년 동안 배당 성장률이 연평균 7% 성장한 것을 알 수 있다.

• 두려울 때 매수하고 탐욕스러울 때 매도하라

2001년 9.11 테러 사태나 2008년 리먼 금융 위기 때처럼 주가가 폭락하여 모두가 두려움에 떨고 있을 때 과감히 매수하고, 주가가 사상 최고치를 연일 경신하여 불나방처럼 모두가 달려들 때 매도하라는 뜻이다.

그는 2024년 S&P500 지수가 50회 이상 사상 최고치를 갈아 치울 때 성장주인 S&P500 ETF를 전량 처분했다고 한다. 그 후 주가가 큰 폭으로 하락한 후 2025년 하반기부터 재차 상승 중이지만, 그의 투자 감각이 매우 뛰어나다는 것을 다시 한번 보여 준 좋은 사례라 할 수 있다.

• 감정을 통제하라

그는 주식 투자에 있어 감정을 통제할 것을 강조했다. 주가는 시시때때로 변하므로 작은 변동에도 일희일비하지 말고 마음을 잘 다스리고 장기 투자하는 마인드를 지니라는 말이다. 사소한 악재에 자주 매매를 하다 보면 소탐대실할 수 있기 때문이다.

• 가치 있는 기업에 장기 투자하라

워런 버핏은 10년 이상 보유할 주식이 아니면 10분도 투자하지 말라고 하였다. 가치주란 성장성을 갖추고 있으며, 안정적인 현금 흐름과 꾸준한 배당을 지급할 수 있는 회사를 말한다. 이러한 기업을 저평가된 시점에 매수하여 장기 보유할 경우, 배당 수익과 주가 상승이라는 두 가지 효과를 기대할 수 있다.

대표적인 종목으로는 애플과 코카콜라, 크로거, 세브론, 옥시덴탈, 크래프트 하인즈, 무디스, 뱅크오브아메리카, 아메리칸 익스프레스, 처브 등이 있다.

단기적인 주가 변동에 일희일비하다 보면 잦은 매매로 인해 수수료만 날리고, 장기적인 부의 축적은 이룰 수 없다. 결국 시간에 투자하는 습관이 부로 가는 가장 확실한 길임을 간과해서는 안 된다.

• 리스크 관리를 하라

워런 버핏은 절대 잃지 않는 투자자로 유명하다. 리스크 관리는 기업의 본질적 가치를 평가하고, 그 가치보다 저평가된 종목에 투자하는 데서 출발한다.

여기에 더해 특정 산업이나 자산에 집중하기보다는 다양한 자산군에 분산 투자하고 포트폴리오를 정기적으로 조정함으로써 위험을 최소화해야 한다. 이는 경제의 흐름을 읽을 줄 알아야 하고 기업의 가치를 분석할 수 있는 능력이 전제될 때 가능하다.

그는 2020년부터 일본 기업 미쓰비시 상사를 비롯하여 종합 상사 5곳에도 분산 투자하여 많은 이익을 거두는 등 분산 투자의 효과를 여실히 증명해 주고 있다.

• 경쟁 우위의 기업을 장기 보유하라

기술력이나 브랜드, 시장 지배력 등에서 독보적인 경쟁 우위를 가진 기업은 장기 보유할수록 큰 성과를 낼 가능성이 높다. 일시적인 유행이 아닌, 지속 가능한 경쟁력을 갖춘 기업을 선택해 인내심을 가지고 보유하는 것이 핵심 전략이다.

"복리는 인내하는 사람에게만 작동한다."

이 말은 지금의 워런 버핏을 만든 평생의 파트너이자 가치 투자자인 찰리 멍거가, 투자에서 가장 중요한 요소로 '지속성과 시간'을 강조하며 남긴 말이다.

그는 투자를 멈추지 않고 자본이 스스로 일하도록 만드는 사람이 결국 부를 축적하게 된다고 보았다. 멍거는 오랜 기간 버핏과 함께하며 가치 투자 철학을 정립했고, 많은 조언으로 지대한 도움을 주었다고 한다.

두 사람의 공통점은 가치주를 선호하고 공부를 많이 한다는 점이다. 오늘날 두 사람은 버커셔 해서웨이를 시총 7,000억 달러에 달하는 초대형 기업으로 성장시켰으며, 워런 버핏은 2024년 약 40억 달러 규모의 버커셔 주식을 자선 단체에 기부했다. 앞으로도 재산의 99%인 약 180조를 기부하기로 유언장에 남겼다고 한다.

혼다 자동차 전 CEO 혼다 소이치로가 기술 개발에 전념하여 오늘날 세계적인 기업으로 성장시킬 수 있었던 것도 친구 후지사와 다케오라는 훌륭한 재무 총괄책임자가 있었기 때문이다.

삼성전자는 연구 개발 인력만 3만 명이 넘고, 이 가운데 박사급만 3천 명이 넘는다. 삼성 그룹 이건희 전 CEO는 "사람이 전부다."라고 강조하며, S급 인재 10명이 회사 하나보다 낫다고 말할 만큼 고급 인재 확보를 그 어떤 투자보다 중요시했다. 이러한 고급 인재 등용은 삼성전자를 오늘날 세계 굴지의 초일류 기업으로 성장시킨 원동력이라 해도 과언이 아니다.

필자도 시간이 나면, 과거부터 잘 아는 모 증권사 지점장과 주거래 은행 VIP 담당 직원을 찾아가고 있다. 글로벌 경제 동향이나 새로 나온 유망 펀드 등에 대하여 상담하고 정보를 얻기 위해서다. 어떤 투자든 성공하려면 지속해서 공부하고, 유능한 파트너를 곁에 두고 협업하면서 시너지 효과를 최대한 올려야 한다.

월급 외에도 임대 소득과 배당 소득 등 부가 소득을 창출하고 있는 필자에게 회사 동료들은 종종 부동산이나 주식 투자를 어떻게 하면 잘할 수 있느냐고 묻곤 한다. 함께 배우고 싶다는 사람들도 적지 않지만, 실전 경험이 부족한 경우 투자를 잘하기란 결코 쉬운 일이 아니다.

경험이 많은 사람이나 전문가에게 배우고 실전 경험을 쌓는 것이 무엇보다 중요하다. 처음에는 저축하는 습관을 지니고 종잣돈을 마련할 것을 권하면서 여러 가지 경제·금융·투자 분야에 관한 책을 많이 읽고 공부부터 할 것을 말해 주고 있다. 초보자들에게는 지식 습득이 최우선 과제이기 때문이다.

어떤 일이든 독립적으로 해내는 능력은 중요하다. 그러나 유능한 인재를 곁에 두고 좋은 아이디어를 바탕으로 함께 연구하고 협력한다면, 목표를 더 빠르게 달성할 수 있을 뿐 아니라 그 성과는 개인의 역량을 훨씬 뛰어넘는 수준으로 확장된다.

《간절히 원하면 이루어진다》의 저자 우에니시 아키라는 현명한 파트너와 함께하면 상상을 초월할 만한 성공을 이룰 수 있다며 다음과 같이 말했다.

"만약 당신의 일을 진심으로 이해하는 파트너를 만났다면 당신은 세상에서 가장 행복한 사람이다. 두 사람의 마음이 조화를 이루어 하나로 결집하게 된다면 초월적인 에너지를 만들어 낼 수 있기 때문이다."

2025년 1월에 회사 직원이 S 전자 주식을 고점에 사서 손실 중인데 어떻게 해야 되는지 필사에게 질문을 해 왔다. 그래서 AI 시대 반도체 업종이 좋아지므로 2026년까지 보유하라고 이야기한 적이 있다. 2026년 1월 기준 S 전자 주식은 반도체 슈퍼사이클로 크게 상승하여 당시 가격보다 두 배 이상 상승했다.

그런가 하면, S 전자를 고점에 매수하여 몇 년째 물려서 결국 30% 정도 손실 보고 매도한 직원도 있다. 얕은 지식으로 혼자 잘못 판단했기 때문이다.

주식 투자는 트렌드를 알아야 한다. 그래서 이에 대해 잘 아는 경험자의 조언을 구하는 것이 현명한 투자 방법이 되는 것이다.

진정으로 조언할 수 있는 훌륭한 파트너가 곁에 있다는 것은 최고의 축복이라 할 수 있다. 큰 성공을 희망한다면 유능하고 현명한 인재를 곁에 두는 데 조금도 아까워하거나 투자를 아끼지 말아야 한다.

더 큰 성공을 원한다면 삼고초려를 해서라도 최고의 파트너를 찾아라. 세상에 훌륭한 인재는 널려 있다.

3층 연금은 부족하다, 5층 연금이 답이다

"유비무환(有備無患)"

미리 준비하면 근심이 없다는 뜻의 사자성어다. 수명이 길어지고 은퇴 이후의 시간이 늘어난 지금, 이 말은 노후 준비의 중요성을 정확히 짚어 준다.

지금은 초고령화 시대에 가장 필요한 것은 다름 아닌 안전한 노후 준비일 것이다. 이를 위해서는 다양한 연금 파이프라인을 구축하여야 한다.

정부 발표에 의하면 2024년 기준 부부 적정 생활비는 336만 원이며, 국민연금 평균 수령액은 70만 원 이하라고 한다. 국민연금만으로는 노후 생활을 유지하기 어려운 것이 현실이므로 퇴직연금을 비롯하여 다양한 소득원을 마련하는 데 꾸준히 관심을 가져야 한다.

일반적으로 노후 준비의 기본 구조는 이른바 '3층 연금'으로 설명

된다. 국가가 책임지는 국민연금, 직장에서 마련하는 퇴직연금, 개인이 준비하는 개인연금이다.

이 구조는 최소한의 노후 소득을 보완하는 데에는 의미가 있지만, 수명이 길어지고 은퇴 이후의 시간이 30년 이상으로 늘어난 지금의 현실을 감당하기에는 한계가 분명하다. 국민연금만으로는 생활비를 충당하기 어렵고, 퇴직연금 역시 일시금 수령이나 낮은 운용 수익률로 인해 기대만큼의 역할을 하지 못하는 경우가 많다. 개인연금 또한 준비 시기와 금액에 따라 노후 소득을 충분히 보완하기에는 부족한 것이 현실이다.

이제는 단순한 연금의 틀을 넘어, 은퇴 이후에도 지속적인 현금 흐름을 만들어 주는 다층적인 소득 구조가 필요하다. 이러한 문제의식에서 출발한 것이 바로 '5층 연금'이다.

- 공적 연금
- 연금저축
- 연금보험
- 퇴직연금
- 배당 소득

직장인이 5층 연금 집을 지을 수 있는 종류와 비법을 자세히 알아보면 다음과 같다.

• 공적 연금

공적 연금에는 국민연금을 비롯하여 공무원연금, 사학연금, 군인연금 등이 있다. 이러한 공적 연금은 첫 직장부터 의무적으로 가입하여야 하는데, 국민연금 같은 경우는 해가 갈수록 연금 고갈에 대한 의문이 제기되고 있지만, 공적 연금은 제도 개선이 꾸준히 이루어지고 있으므로 크게 걱정하지 않아도 된다고 본다.

꾸준히 지급되는 공적 연금은 노후에 효자 노릇을 톡톡히 하므로 직장인이든 사업자든 꾸준히 불입하도록 노력하여야 한다.

• 연금저축

근로 소득이 있는 경우에는 IRP를 포함하면 연간 900만 원까지 세액공제도 가능하고 연간 1,800만 원까지 가입할 수 있다.

이 상품은 ETF 등 고배당주에 투자가 가능한 관계로 황금알을 낳는 상품이라 할 수 있으므로 근로 소득자라면 필히 가입할 것을 추천한다.

월급 일부분을 적립식으로 은퇴 시까지 불입하면서 배당주에 투자 후 배당금을 재투자(Total Return)하면 복리의 효과를 누릴 수 있으므로 한 살이라도 젊을 때 연금 준비를 위한 파이프라인을 만드는 결단을 가지기 바란다.

나는 딸들에게 명절 세뱃돈이나 생일 선물을 현물로 주지 않고 연금저축 계좌에 입금해 주고 있다. 그 이유는 젊을 때부터 금융 투자 지식을 쌓게 하고 저축하는 습관을 길러 주기 위함이다.

• 연금보험

대부분 보험사에서 판매하는 상품으로, 연금보험과 변액연금이 대표적이다. 과거에는 연 8~9%의 확정금리를 제공하는 상품도 존재했는데, 이러한 상품에 오래전에 가입한 경우 현재 기준으로는 매우 희소한 알짜 노후 자산이 되고 있다. 필자도 사회 초년생 때 8.5% 확정금리 연금보험을 가입하여 불입이 끝난 상태이며, 2026년부터 연금을 수령할 예정이다.

연금보험의 가장 큰 장점은 비과세이다. 이자소득과 배당 소득에 대하여 비과세 혜택을 받을 수 있다. 비과세 조건은 적립식 월 150만 원, 거치식 1억 원에 최소 납부 기간 5년, 보유 기간 10년이다. 이외에도 약관대출이 가능하므로 꼭 필요시 적절히 운용할 수 있다.

단점은 연금보험을 중도 해지할 경우 큰 손실이 난다는 것이다. 따라서 본인의 형편을 고려하여 장기 계획을 세우고 가입하여야 손실을 줄일 수 있다.

• 퇴직연금

지금은 대부분의 사업장에서 퇴직연금 제도에 의무적으로 가입하고 있다. 퇴직연금의 운용 방식에는 확정기여형(DC)과 확정급여형(DB) 2가지가 있다. DC형은 근로자가 직접 주식·채권·펀드 등 다양한 금융 상품에 직접 투자하는 방식이며, DB형은 회사에서 미리 정한 기준에 따라 은퇴 시 일정 금액을 지급하는 방식이다. 각 제도는 수익성과 안정성 측면에서 장단점이 뚜렷하므로 근속 기간, 투자 성향, 은퇴 시점 등을 종합적으로 고려하여 선택하는 것이 바람직하다.

퇴직연금을 많이 받는 최고의 방법은 장기 근속이다. 최근에는 조기 파이어족을 꿈꾸는 사람이 증가하고 있는데, 설사 젊은 나이에 어떠한 행운으로 경제적 자유를 이루었다 할지언정 안정된 직장을 떠난다는 것은 인적 유대 관계나 성취 욕구, 건강 측면으로 보아 적절하지 않은 판단이라 할 수 있다.

직장을 그만둔다고 해서 마냥 소비만 하고 집에서 놀 수는 없는 일이다. 무엇인가는 해야 하는데 치열한 경쟁 사회에서 새로운 일에 성공하기란 쉬운 일이 아니다. 최고의 노후 준비는 워런 버핏처럼 평생 은퇴하지 않는 것이라는 점을 명심하여야 한다.

• 배당 소득

고배당 주식이나 ETF에 투자하여 정기적으로 지급되는 배당금을 연금처럼 활용하는 소득 구조를 말한다. 최근에는 낮은 수수료와 높은 유동성을 갖춘 ETF 투자가 대세로 자리 잡고 있으며, 언제든 매매가 가능하다는 점에서 개인 투자자들에게 인기가 많다.

필자도 Jepq, Tltw, Kodex 미국 30년 국채 타겟, Kodex 미국 나스닥100 데일리, Kodex 미국 S&P500 데일리, Rise 미국 배당 100, Rise 미국 AI 벨류체인 데일리, Rise 200 위클리, Plus 고배당주 위클리 커버드콜 등 커버드콜 ETF와 배당 중심 ETF 등에 장기적으로 분산 투자하며, 매월 발생하는 배당금을 다시 재투자하는 방식으로 자산을 운용하고 있다.

이러한 고배당 ETF 중에는 연 10% 이상 배당 수익률을 기록하는 상품이 많으므로, 장기간 복리로 운용할 경우 노후 자산 형성에 매우 효과적이다.

"돈은 돈을 낳고, 그 돈은 또 더 많은 돈을 낳는다."

벤저민 프랭클린이 복리의 힘을 강조하며 남긴 표현이다. 매월 지급되는 배당금을 찾지 않고 재투자하면 복리의 효과를 크게 얻을 수 있다. 한 살이라도 젊을 때 복리의 마법을 가져 보라. 노후에 큰 자산이 될 것이다.

《즐길 것인가 준비할 것인가?》의 저자 백승호 하나금융 파인드 WM 사업단장에 의하면, 매월 100만 원씩 4% 수익률을 가정하고 복리로 30년 동안 배당주에 투자하였을 경우, 약 6억 7천3백만 원 정도 노후 자금을 마련할 수 있다고 예상했다.

최근 미국 S&P500 지수의 연평균 수익률이 9~10%대이므로 기대 수익률을 10%로 가정한다면 훨씬 많은 노후 자금을 마련할 수 있을 것으로 예상된다.

지금은 AI 시대 및 초고령화 시대로 수명은 갈수록 늘어나고, 일자리는 지속적으로 감소할 것으로 예상된다. 이러한 시대에 안전한 노후를 살아가려면, 다양한 소득원을 마련하여야 한다.

필자의 통장에는 매월 국민연금, 임대소득, 배당 소득, 근로소득 등 4가지 소득이 꼬박꼬박 찍힌다. 2026년부터는 연금보험과 연금저축도 지급 예정이다. 나이가 많아질수록 다양한 소득원을 마련하여야 안전한 노후를 준비할 수 있다. 자본이 일하는 시스템, 즉 연금 소득을 많이 만드는 데 전념하라.

‘그’는 처음에는 큰 빛을 발휘하지 못한다. ‘그’가 없으면 우리는 파멸당할 수 있다. ‘그’는 매월 소리 없이 머물기만 한다. ‘그’는 간장처럼 오래 묵을수록 더 빛을 발한다. ‘그’는 많으면 많을수록 좋다. ‘그’는 모두가 좋아하는 것이다. ‘그’는 누구보다 아름답다. ‘그’는 미래에 나에게 주는 최고의 선물이다. ‘그’는 우리에게 행복과 풍요로움을 안겨 준다. ‘그’의 이름은 ‘연금’이다.

임재성은 《부와 성공을 부르는 유대인의 지혜》에서 탈무드의 가르침을 바탕으로 돈의 의미를 다음과 같이 설명한다.

“사람을 해롭게 하는 세 가지가 있는데 근심, 말다툼, 빈 지갑이 그것이다. 그중에서 가장 큰 상처를 입히는 것은 빈 지갑이다. 육체의 모든 부분은 마음에 의지하고 마음은 돈지갑에 의지하기 때문이다.”

이 말은 돈이 인격이나 행복의 전부는 아니지만, 삶의 안정과 존엄을 지탱하는 현실적인 기반임을 강조한다.

노후에 가끔 여행하면서 손자들에게 용돈을 건넬 수 있는 정도의 여유를 갖기 위해서는, 최소 월 500만 원 수준의 연금 소득이 필요하다는 것이 전문가들의 공통된 의견이다.

나이가 들수록 가장 비참해지는 순간은 돈이 없을 때이다. 경제적 여유가 사라지면 선택권이 줄어들고, 이는 곧 자존감의 상실로 이어진다. 노후 파산 없는 풍요로운 후반기 인생을 위해서는 5층 연금 구조를 만드는 데 전심전력을 다해야 한다.

초고령화 시대, 은퇴 생각을 버려라

2025년 5월, 덴마크는 연금을 받을 수 있는 은퇴 연령을 2040년에는 유럽 최고 수준인 70세로 높인다고 발표했다. 그만큼 기대 수명이 길어지고 연금 재원도 늘어나기 때문에 연금 지급 연령을 높일 수밖에 없다는 것이다.

지금은 초고령화 시대이다. 60세에 은퇴를 하게 되면 약 30~40년을 정기적인 근로소득 없이 살아가야 한다. 큰돈을 벌어서 경제적 자유를 이루어 40대에 조기 은퇴한 경우에는 거의 50년이란 긴 세월을 직장 없이 집에서 생활해야 한다.

은퇴를 하게 되면 나를 증명해 주던 명예와 명함이 한꺼번에 사라지게 된다. 조기 은퇴가 과연 현명한 결정인지 심각하게 고민해 볼 필요가 있다.

필자는 조기 은퇴든 정년 은퇴든 가급적 은퇴를 늦추라고 말하고 싶다. 그 이유는 무엇보다도 안정되고 건강한 삶을 유지하기 위함이다. 일시적으로 부를 형성하였다고 하여 좋은 직장을 떠나는 것은 지극히 위험한 일이다. 직장을 떠나면 다른 생각을 하게 되고, 게을러지기 마련이다.

오리건 주립대 의과대 연구진에 의하면 은퇴를 미루면 육체적·인지적·정신적 쇠퇴가 지연되고 만성질환이 줄어드는 효과가 있다고 밝혔다. 은퇴를 늦출수록 건강하게 오래도록 살아갈 수 있다는 뜻이다.

정년으로 은퇴하거나 조기 은퇴한 사람이 공통적으로 하는 말이 있다. 집에서만 생활하다 보니 규칙적인 생활이 안 되고 건강이 안 좋아진다는 것이다. 물론 규칙적인 운동과 취미 활동을 하면 된다고 말하는 사람도 있지만, 직장 생활만큼 큰 활력소를 주지는 못하는 것이 사실이다. 직장에서는 많은 사람과 소통하면서 일에 대한 보람과 긍지를 가지며 하루하루 성취감을 느낄 수 있기 때문이다.

사람에게는 성취 욕구와 과시 욕구, 소속 욕구, 인정 욕구 등이 있기 때문에 중년에 직장을 그만두더라도 무슨 일이든 해야 한다.

최근에는 유튜브를 비롯한 SNS 활동을 통한 수입을 기대하며 많은 사람이 뛰어들고는 있지만, 이러한 활동만으로 안정적인 소득을 얻고 욕구를 충족시키는 것은 결코 쉬운 일이 아니다. 충분한 준비 없이 시작한 섣부른 판단은 오히려 시간과 자본을 잃는 큰 위험으로 이어질 수 있음을 명심하여야 한다.

"우리의 인생에서 가장 행복한 때라는 것은
일에 몰두하고 있을 때이다."

《행복론》의 저자 힐티가 일의 중요성을 강조하며 한 말이다. 일
에 집중하게 되면 근심과 걱정이 사라지고 보람과 성취 의욕을 가
질 수 있기 때문이다.

조기 은퇴든 정년 은퇴든, 은퇴했다고 하루 종일 집에만 머물게
되면 사소한 일로도 가정불화가 생길 가능성이 커진다. 게다가 나
태하고 피폐한 생활이 반복되면서 건강을 해칠 우려도 적지 않다.
그렇다고 해서 매일 여행만 다닐 수도 없는 노릇이다.

은퇴 후 집에서 쉬는 생활은 길어야 몇 달이다. 그 시간이 지나
면 직업이 없다는 상실감과 함께 인간관계의 단절에서 오는 공허
함, 외로움 등이 밀려오게 마련이다.

필자가 정년이 지났음에도 불구하고 계속 현역으로 활동하고 있
는 것은 사회적 관계를 통해 정서적 안정과 유대감을 형성하고 일
에 대한 보람과 성취감을 가지면서 무엇보다 건강한 삶을 영위하기
위함이다.

재벌 총수든 연예인이든 돈이 많다고 하여 먹고 노는 사람은 없
다. 누구보다 열심히 일하며 살아간다. 모두가 일에 대한 보람과
건강, 좋은 인간관계 형성, 사회에 대한 기여 등을 위해서다.

건강 심리학 박사 켈리 맥고나걸은 《움직임의 힘》에서 다음과 같
이 말했다.

"활발하게 활동하는 사람들이

더 행복하고 만족스럽게 살아간다."

규칙적인 활동 없이 늦잠 자고 게으른 생활을 반복하는 것보다
규칙적인 사회생활을 통하여 활발히 활동하는 사람들이 더 행복한
삶을 살아간다는 뜻이다.

선진국 중 가장 먼저 초고령화 사회에 진입한 일본은 법적 정년
이 65세이지만, 기업에 대해 70세까지 고용을 연장하도록 하는 '노
력 의무'를 부여하고 있다. 이에 따라 정년을 70세로 하는 기업이
점점 늘어나고 있다고 한다.

이는 저출산으로 인한 젊은 인구 감소와 노동력 부족이라는 현실
적 이유도 있지만, 한편으로는 경력 단절을 없애고 건강한 신체와
사회적 역할을 유지하며 안정적인 삶을 영위하도록 유도하려는 정
부의 적극적인 정책 의지가 반영된 결과이기도 하다.

우리나라도 2025년 65세 이상이 차지하는 비율이 14% 이상인 초
고령화 시대에 진입했다. 초고령화와 함께 혼자 사는 노인의 비율
이 2020년 19.8%에서 2024년 32.8%로 상승했다고 한다. 노인 3명

중 1명이 혼자 산다는 뜻이다.

독신이 되면 그만큼 외로움이나 고독함으로 우울증에 시달리는 등 건강이 점점 악화될 가능성이 높다. 이럴 경우 의료 비용이 지속해서 증가하게 되고, 결국 불안한 노후를 보낼 수밖에 없게 되는 것이다.

우리나라도 조만간 정년이 연장되겠지만, 초고령화 시대에 안정적인 노후를 보내기 위해서는 최대한 은퇴를 늦추거나 정년 후 재취업을 위해 노력하여야 한다.

필자의 지인 중 한 사람은 금융기관에서 명퇴한 후 재취업을 하지 못하여, 몇 년째 집에서만 지내며 외로움, 스트레스, 지루함, 게으름 등과 싸우고 있다고 한다.

은퇴할 때는 그동안 많은 스트레스 때문에 홀가분한 마음으로 은퇴의 기쁨을 만끽했지만, 하루 이틀 집에서만 생활하다 보니 무기력감과 따분함, 대인 관계의 단절에 따른 허무함 등으로 정신적·육체적으로 피폐해질 수밖에 없다.

직장이 있을 때는 많은 동료와 친하게 지내지만, 막상 직장을 떠나면 친했던 사람들도 자연히 멀어지게 마련이고 자주 만나기도 어려운 관계가 되기 때문이다.

그런가 하면, 정년 퇴임 후 정부 기관에 임시직으로 재취업하여 새로운 사람들과 인연을 맺으면서 안정된 삶을 이어 가는 사람도 있다. 그리고 좋은 평판으로 일반 회사에서 정년 이후에도 연장하여 계속 근무하는 사람도 있다.

샌프란시스코의 한 종합병원에서 간호사로 근무하는 엘레나 그리핑은 90세인데도 불구하고 현역으로 근무 중이다. 그가 70여 년을 계속 근무할 수 있는 비법은 탁월한 실력과 건강한 체력을 유지하고 있기 때문이라고 한다.

평생직장이란 관례는 사라진 지 오래다. 재취업을 하거나 연장하여 계속 근무하는 것도 능력이다. 평상시 탁월한 역량을 갖추고 좋은 평판을 유지하는 사람들에게 이러한 혜택이 주어지므로 평소에 좋은 인성과 함께 뛰어난 기술을 함양하고 누구도 대체할 수 없는 훌륭한 인재가 되도록 실력을 갖추는 데 노력을 아끼지 않아야한다.

"일은 당신의 삶을 풍요롭게 하는 도구이다."

헨리 포드의 말이다. 직업은 단순히 돈을 벌기 위한 수단이 아니라 삶의 질을 높이는 중요한 요소이며, 일을 통해 얻은 경험과 지식은 개인의 성장과 더 나은 삶을 만들어 가는 데 도움을 준다는 의미이다.

그런데 미래학자들은 인공지능의 발전으로 인해 기존 직업의 상당 부분이 자동화되거나 대체될 것으로 전망하고 있다. 특히 2030년에는 인공지능과 양자컴퓨터, 로봇 기술을 중심으로 한 신기술 분야가 유망 직업으로 자리 잡을 것으로 보고 있으며, 지구상에 약 20억 개의 기존 일자리가 소멸할 것으로 예측한다.

최근에는 AI 발달로 변호사를 비롯하여 세무사 등 전문직의 일자리도 갈수록 사라지고 있다고 한다. 한가지 자격으로는 살아남기가 어렵다는 증거이다.

급변하는 세상에 노후의 안정된 삶은 더욱 중요한 요소로 부각될 수밖에 없다. 초고령화 사회와 AI 시대에서 살아남기 위해서는 다양한 지식을 습득함과 동시에 탁월한 역량을 키우고 평소 건강 관리에 힘쓰면서 최대한 은퇴를 늦추고 활발한 사회 활동을 해야 한다.

필자는 직장이 있는 것에 항상 감사한다. 돈도 돈이지만, 새벽 인력 시장에서 일자리가 없어 집으로 다시 돌아오는 사람을 생각해 보라. 직장이 있다는 것은 무엇보다 축복되고 행복한 일이다.

철학자 비트겐슈타인은 《비트겐슈타인의 말》에서 이렇게 썼다.

"정말 큰 은혜란 무엇인가.
오늘 자신의 일을 할 수 있다는 것…"

직장을 떠나면 명예, 명함, 급여가 한순간에 사라진다는 것을 명심하여야 한다. 오늘도 보람과 자긍심이 살아 숨 쉬는 나의 삶의 터전 직장이 있음에 감사하라. 풍요로움이 함께하는 평생직장을 갖는 것이 최고의 성공적인 삶이 될 것이다.

좋은 평판이 출세를 앞당긴다

"좋은 평판을 최고의 보물로 생각하라. 명성은 불과 같아서 일단 불을 붙이면 그 불꽃을 유지하기가 비교적 쉽지만, 꺼뜨리고 나면 다시 그 불꽃을 살리기가 매우 어렵다."

소크라테스가 평판 관리의 중요성을 강조하며 한 말이다. 아무리 좋은 평판을 가지고 있어도 한순간 실수로 명성이 훼손되면 다시 회복하기가 어렵다는 의미이다.

평판 관리의 중요성은 아무리 강조해도 지나치지 않는다. 지도자든, 직장인이든, 사업을 하는 사람이든, 스포츠 선수든, 예술가든 평판은 눈에 보이지 않는 그 사람의 꼬리표이므로 평소 평판 관리를 어떻게 하느냐에 따라 인생의 성패가 좌우된다고 볼 수 있다.

특히 직장인이 좋은 평판을 유지하는 것은 출세에 지대한 영향을 미친다. 사회 초년생부터 열심히 노력하고 인성도 훌륭하여 많은 사람으로부터 능력 있는 사람으로 인정받는 직원이 있는가 하면, 일 처리도 제대로 못 하고 예의도 없어 평판이 안 좋은 직원도 있다.

모든 것은 본인이 하기 나름이다. 잘한다고 인정받으려면 재능을 뛰어넘어, 남들보다 열심히 노력하는 자세가 필요하다. 평판은 하루아침에 이루어지지 않는다. 기본적으로 예의와 협동심, 배려심, 솔선수범, 진실성, 책임감 등을 고루 갖추고 누구도 대체할 수 없는 능력을 인정받아야 한다. 탁월한 역량이 곧 나의 평판이다.

《부를 부르는 평판》의 저자 문성후 교수는 독특하고 차별화된 이미지가 평판을 높인다고 했다. 평판을 높이기 위해서는 나만의 무기, 즉 탁월한 능력을 갖추어야 한다는 말이다.

필자의 지인 중 한 사람은 실업계 고등학교를 졸업하였음에도 방송통신대학을 거쳐, G 국립대학교 대학원에 합격하여 우수한 성적으로 졸업하고 현재 유명 학원 강사로 활동 중이다. 그는 영어 강사로서 실력이 뛰어나면서 훌륭한 인성도 갖추어 여러 학원에서 스카우트 경쟁을 벌일 정도로 인정받는 강사다. 높은 명성을 떨치려면 탁월한 실력이 필수이다.

바락 오바마 전 대통령과 무히카 우루과이 전 대통령이 좋은 평판을 유지하고 있는 것은 강력한 리더십과 너불어 청렴하면서 훌륭한 인성을 갖추었기 때문이다.

"당신이 평판을 쌓는 데는 20년이 걸리지만,

평판을 망치는 데는 5분밖에 안 걸린다.

평판의 중요성을 생각한다면 당신은 다르게 행동할 것이다."

워런 버핏도 평판 관리의 중요성을 이같이 언급했다. 좋은 평판을 이루는 데는 오랜 시간이 걸리지만, 평판을 무너뜨리는 데는 단 몇 분이면 충분하므로 평판의 중요함을 잊어서는 안 된다는 말이다.

유명 연예인 및 스포츠 선수 역시 예외는 아니다. 뛰어난 실력만으로는 좋은 평판을 오래 유지할 수 없으며, 성실한 태도와 올바른 인성이 함께 뒷받침되어야 한다. 음주나 불법 행위 등 일탈은 그동안 쌓아 온 명성을 단번에 무너뜨리는 치명적인 결과를 초래한다.

지도자 또한 순간적인 유혹을 이겨 내지 못하고 뇌물이나 스캔들에 연루될 경우, 개인의 삶은 물론 사회적 신뢰와 명예까지 크게 실추된다. 많은 사람으로부터 신뢰와 존경을 받기 위해서는 평소 평판 관리를 철저히 하여야 한다.

기업도 마찬가지다. 불량 제품 생산, 오너의 불법 행위, 분식회계, 주가 조작, 갑질, 자금 횡령 등은 기업의 성장을 가로막는 결정적인 요인이 된다. 한번 훼손된 기업 이미지는 회복에 막대한 시간과 비용이 들기 때문에, 장기적인 관점에서 평판 관리에 전심전력을 다해야 한다.

"좋은 평판은 진주 목걸이"

좋은 평판은 진주 목걸이와 같아서, 한 알 한 알 쌓기는 오래 걸리지만 한 번 끊어지면 회복하기 어렵다는 의미의 서양 격언이다.

성공적인 삶을 위해서는 나의 평소 이미지, 나의 평판 관리에 소홀해서는 안 된다. 무슨 일이든 잘하는 사람, 같이 일하고 싶은 사람, 믿을 수 있는 사람, 정직한 사람, 예의 바른 사람, 배려하는 사람이 되기 위해 노력하는 것이 좋은 평판을 유지하는 비결이다.

좋은 평판이 나의 출세를 앞당긴다는 점을 명심하고, 평판 관리에 정성을 다해야 한다.

주야장천 책을 집필하면서 성공을 열망하는 많은 독자 여러분에게 성공 전략과 소중한 지혜를 전하고자 어느 책보다 알찬 내용을 담으려 노력하였다.

우리가 성공을 위해 매일같이 땀 흘리며 노력하는 것은 지금보다 더 나은 삶을 살아가기 위함이다. 이 책이 더 가치 있고 행복한 삶을 영위하는 데 조금이라도 도움이 되길 소망한다.

그리고 "한 가지 뜻을 세우고 그 길로 가라. 잘못도 있으리라. 실패도 있으리라. 그러나 다시 일어서 앞으로 나아가라. 반드시 빛이 그대를 맞이할 것이다."라는 칸트의 말처럼 누구를 막론하고 뜻을 세우고 실패에 굴하지 않고 끝까지 도전하는 습관을 가진다면 분명히 성공을 이루리라 믿어 의심치 않는다.

　이 책을 끝까지 읽어 주신 독자 여러분께 깊은 감사를 드리며, 책을 집필하는 데 물심양면으로 도움을 주신 모든 분께 다시 한번 고마움을 전합니다.

2026년 3월 10일
송연환

추천 도서

도서명	저자 / 역자
비트겐슈타인의 말	비트겐슈타인 / 하루히코
명상록	아우렐리우스 / 사토 겐이치
사람을 얻는 지혜	그라시안 / 김유경
에픽테토스의 인생 철학	신득렬
쇼펜하우어 인생 수업	쇼펜하우어 / 김지민
세네카의 인생론	세네카 / 정윤희
몽테뉴의 수상록	몽테뉴 / 민희식
니체의 말	니체/ 하루히코, 박재현
파우스트	괴테 / 안인희
자조론	새뮤얼 스마일즈 / 김유신
군주론	마키아벨리 / 권혁
피터 드러커의 자기 경영 노트	피터 드러커 / 장영철
벤저민 프랭클린 자서전	벤저민 프랭클린 / 이종인
죽음의 수용소에서	빅터 프랭클 / 이시형
인간관계론	데일 카네기 / 임성훈

부자 아빠 가난한 아빠	로버트 기요사키 / 안진환
왜 일하는가	이나모리 가즈오 / 김윤경
네 안에 잠든 거인을 깨워라	앤서니 라빈스 / 조진형
린치핀	세스 고딘 / 윤영삼
성공하는 사람들의 7가지 습관	스티븐 코비 / 김경섭
타이탄의 도구들	팀 페리스 / 박선령, 정지현
아주 작은 습관의 힘	제임스 클리어 / 이한이
위대한 상인의 비밀	오그 만디노 / 홍성태
반 고흐, 영혼의 편지	빈센트 반 고흐 / 신성림
심연으로부터	오스카 와일드 / 박명숙
어떻게 나이 들 것인가	키케로 / 안규남
아무도 가르쳐 주지 않는 부의 비밀	오리슨 스웨트 마든 / 박별
억만장자 시크릿	라파엘 베지아그 / 박선령
내 인생을 바꾼 한 권의 책	잭 캔필드 / 손정숙
퓨처 셀프	벤저민 하디 / 최은아
돈 버는 80가지 습관	무천강 / 이에스더
부자 습관 가난한 습관	톰 콜리 / 최은아
돈의 심리학	모건 하우절 / 이지연
평균의 종말	토드 로즈 / 정미나
성공하는 100가지 마음가짐	요시카와 나미 / 강성욱
사람은 무엇으로 성장하는가?	존 맥스웰 / 전옥표

소중한 나를 부자로 만들어 주는 지혜	월러스 위틀스 / 안진환
백년의 인생 천년의 지혜	예린홍 / 박창수
생각의 지혜	제임스 앨런 / 공경희, 고명선
워런 버핏 웨이	로버트 헤그스트롬/신용우
위대한 생각의 힘	제임스 앨런 / 임지현
사람을 움직이는 처세술	데일 카네기 / 진형욱
슈독	필 나이트 / 안세민
유유자적 100년	자오무허 / 김영화
나폴레온 힐 성공의 법칙	나폴레온 힐 / 김정수
어떻게 인생을 살 것인가?	쑤린 / 원녕경
의미의 시대	세스 고딘 / 박세연
에머슨의 자기 확신에 관하여	랄프 왈도 에머슨 / 솝희
호모데우스	유발 하라리 / 김명주
적극적 사고방식	노먼 빈센트 필 / 이정빈
하버드 새벽 4시 반	웨이슈잉 /이정은
니코마코스 윤리학	아리스토텔레스 / 천병희
붕괴하는 세계와 인구학	피터 자이한 / 홍지수
시도하지 않으면 아무것도 할 수 없다	지그지글러 / 이구용
다크호스	토드 로즈 / 정미나
부를 부르는 평판	문성후
미움받을 용기	기시미 이치로 외1명 / 전경아

랄프 에머슨 성공법칙	랄프 에머슨 / 노윤기
얼 나이팅게일 위대한 성공의 시작	얼 나이팅게일 / 김현정
그릿	안젤라 더크워스 / 김미정
원씽	게리 켈러 외 1인 / 구세희
아비투스	도리스 메르틴 / 배명자
초집중	니르 이얄, 줄리 리 / 김고명
인생 명언 365	최혁순
인생의 의미	토마스 에릭슨 / 이영래
인생을 최고로 사는 지혜	아놀드 베넷 / 윤춘승
일터의 현자	칩 콘리 / 박선령
돈의 속성	김승호
나의 하루는 4시 30분에 시작된다	김유진
최고의 상술	권원강